기독교문서선교회(Christian Literature Center: 약칭 CLC)는 1941년 영국 콜체스터에서 켄 아담스에 의해 시작되었으며 국제 본부는 미국 필라델피아에 있습니다. 국제 CLC는 약 650여 명의 선교사들이 59개 나라에서 180개의 서점을 운영하며 이동 도서 차량 40대를 이용하여 문서 보급에 힘쓰고 있으며 이메일 주문을 통해 130여 국으로 책을 공급하고 있는 국제적 문서선교 기관입니다.

추천사

문한용
사업가

보이는 세상이 실체가 아니듯, 성경 말씀 또한 그러할 것입니다.

『일곱 날의 창조』야말로 성경을 보는 패러다임의 변화를 이끌어 낼 수 있는 가장 적절하고 명확한 지침서가 될 것입니다.

우리의 창조 목적과 복음을 알고자 하는 이들에게 한줄기 빛과 같은 역할을 하는 책이 될 것을 기대합니다.

이화숙
초등학교 교사

창세기 일곱 날의 과정은 사람의 영적인 거듭남과 영적인 성장에 관한 이야기입니다. 예수께서 니고데모에게 "사람이 거듭나지 아니하면 하나님의 나라를 볼 수 없다"(요 3:3)고 하셨습니다.

요한복음을 읽을 때 거듭남에 대하여 이해하기 어려웠기 때문에 명확하게 알고 싶었고, 나도 거듭나고 싶었습니다. 『일곱 날의 창조』는 거듭남에 관해 확증해 주었습니다.

김 중 우
사업가

드디어 『일곱 날의 창조』가 출간된다니 무척 기쁩니다. 성경을 율법에서 복음으로 넘어가게 하는 가장 기초적이고 본질적인 내용이며, 진리를 향한 여정에서 지도와 같은 역할을 하기에, 꼭 권하고 싶은 필독서입니다. 이 책을 읽는 모든 분에게 하나님의 은혜가 임하길 소원합니다.

황 양 성
첫사랑교회 담임목사

이 책을 기쁜 마음으로 추천합니다. 이 시대를 말씀의 홍수 시대라고 합니다. 방송과 미디어를 통해 24시간 언제 어디서든 보고 들을 수 있는 말씀이 홍수와 같다는 표현입니다. 문제는 홍수 속에서는 온통 흙탕물로 먹을 물이 많지 않다는 데 있습니다. 풍요 속의 빈곤입니다.

이 귀한 책이 나오기까지 하나님께서 모든 것을 주관하고 계심을 믿습니다. 복음과 진리의 말씀에 기갈하는 많은 분께 생명의 빛으로 생수의 강물처럼 하나님의 온전한 드러나심을 체험하는 귀한 기회가 될 것을 확신하며 추천하고자 합니다.

이 성 민
간호사

 "지금까지 알고 있던 천지창조는 잊어라!"고 말하고 싶지는 않습니다. 그러나 분명한 것은 여러분이 지금까지 알고 있던 천지창조와는 다르다는 것입니다. "태초에 하나님이 천지를 창조하시니라"(창 1:1)는 말씀이 얼마나 설레고 기쁜 이야기인지 이 책을 읽으시는 모든 분이 느끼고 경험하실 수 있기를 바랍니다. 그리고 이전과 비교해 보시길 바랍니다. 여러분의 의식이 깨어지고 여러분 안에 생생하게 살아 계시는 하나님을 매일 느끼시길 소망합니다.

이 성 산
대학생

 복음을 삶으로 체험하고, 살아내고 싶은 모든 사람에게, 성경의 복음과 삶의 연관성이 모호한 사람들에게, 지금 내가 살고 있는 복음을 언어로 확인하고 싶은 사람들에게 그리고 마지막으로 내 삶의 목적과 의미를 알고 싶은 사람들에게 이 책을 추천합니다.

일곱 날의 창조

하나님의 온전한 드러나심

Seven Days of Creation - Complete Revelation of God
Written by SONG, JAE HYUN
All rights reserved.
Korean Edition Copyright ⓒ 2025 by Christian Literature Center, Seoul, Korea.

일곱 날의 창조

하나님의 온전한 드러나심

2025년 2월 14일 초판 발행

| 지 은 이 | 송재현

| 편　 집 | 이신영
| 디 자 인 | 이보래
| 펴 낸 곳 | (사)기독교문서선교회
| 등　 록 | 제16-25호(1980. 1. 18.)
| 주　 소 | 서울특별시 동대문구 천호대로71길 39
| 전　 화 | 02-586-8761~3(본사) 031-942-8761(영업부)
| 팩　 스 | 02-523-0131(본사) 031-942-8763(영업부)
| 이 메 일 | clckor@gmail.com
| 홈페이지 | www.clcbook.com
| 송금계좌 | 기업은행 073-000308-04-020 (사)기독교문서선교회
| 일련번호 | 2025-13

ISBN 978-89-341-2785-7(03230)

이 책의 출판권은 (사)기독교문서선교회가 소유합니다.
신저작권법에 의해 한국 내에서 보호를 받는 저작물이므로 무단 전재와 무단 복제를 금합니다.

일곱 날의 창조
하나님의 온전한 드러나심

송재현 지음

CLC

목 차

추천사
   문 한 용 | 사업가   001
   이 화 숙 | 초등학교 교사   001
   김 중 우 | 사업가   002
   황 양 성 | 첫사랑교회 담임목사   002
   이 성 민 | 간호사   003
   이 성 산 | 대학생   003

시작하는 말   013

제1장 **복음의 설계도**   015
   태초에 (베레쉬트)   018
   창조하다 (바라)   020
   하나님 (엘로힘)   022
   그 하늘과 그 땅   025

제2장 **우리의 진짜 모습**   029
   땅이 혼돈하고 공허하며   030
   수면 위를 운행하시는 하나님의 영   031
   흑암이 깊음 위에 있고   034
   땅이 혼돈하고 공허함   037

제3장 ✦ 첫째 날: 하나님의 시간이 시작되다　　042

　하나님이 이르시되　　043
　빛이 있으라 하시매 빛이 있었고　　043
　빛이 하나님이 보시기에 좋았더라　　045
　하나님께서 빛과 어둠을 나누사　　047
　빛을 낮이라 어둠을 밤이라 부르시니라　　048
　저녁이 되며 아침이 되니　　049
　이는 첫째 날이니라　　050

제4장 ✦ 둘째 날: 말씀의 근원이 존재하다　　052

　물 가운데 궁창이 있어　　054
　하나님이 궁창을 만드사　　055
　궁창 아래의 물과 궁창 위의 물로 나뉘게 하시니　　057
　그대로 되니라　　058
　궁창을 하늘이라 부르시니라　　059
　저녁이 되고 아침이 되니 이는 둘째 날이니라　　060
　온유한 자는 복이 있나니　　061
　무교절　　062

제5장 ✦ 셋째 날[1]: 죄를 드러내다　　064

　천하의 물이 한 곳으로 모이고　　066
　뭍이 드러나라 하시니　　077
　뭍을 땅이라 모인 물을 바다라 부르시니　　079
　보시기에 좋았더라　　080

제6장 ✦ 셋째 날[2]: 씨를 전하기 위해 열매를 만들다 · · · · · 081
   싹 · · · · · 083
   씨 맺는 채소 · · · · · 084
   씨 가진 열매 맺는 나무 · · · · · 090
   그대로 되어 · · · · · 091
   각기 종류대로 · · · · · 092
   하나님이 보시기에 좋았더라 · · · · · 093

제7장 ✦ 넷째 날[1]: 내 안에 있는 빛을 세상을 향해 비추다 · · · · · 094
   광명체들(메오로트) · · · · · 095
   오순절/맥추절/칠칠절 · · · · · 095
   궁창에 광명체들이 있어 낮과 밤을 나뉘게 하고 · · · · · 098
   징조/계절/날/해 · · · · · 102
   땅을 비추라 · · · · · 106

제8장 ✦ 넷째 날[2]: 빛이 모여 별들을 만들다 · · · · · 108
   하나님께서 두 큰 광명체를 만드사 · · · · · 110
   큰 광명체 - 낮을 주관/작은 광명체 - 밤을 주관 · · · · · 113
   하나님이 그것들을 하늘의 궁창에 두어 · · · · · 117
   보시기에 좋았더라 · · · · · 118
   저녁이 되고 아침이 되니 이는 넷째 날이니라 · · · · · 119

제9장 ✦ 다섯째 날[1]: 의식의 변화 · · · · · 121
   창조하시니 · · · · · 123
   물에서 번성하여 움직는 모든 생물 (네페쉬 하야) · · · · · 125
   큰 바다 짐승들 · · · · · 128
   날개 있는 모든 새 · · · · · 129
   종류대로 · · · · · 131

제10장 ✢ 다섯째 날[2]: 하나님의 복이 임하다 — 133

생육하고 번성하라 — 134
하나님이 그들에게 복을 주시며 — 135
생육하고 번성하여 바닷물에 충만하라 — 136
새들도 땅에 번성하라 — 142
나팔절 — 143
마음이 청결한 자는 복이 있나니 — 144
다섯째 날의 의미 — 146
저녁이 되고 아침이 되니 — 147
이는 다섯째 날이니라 — 147

제11장 ✢ 여섯째 날[1]: 말씀을 안에 담고 땅에서 살다 — 149

다섯째 날 짐승과 여섯째 날 짐승의 차이 — 150
가축과 기는 것과 땅의 짐승 — 152
종류대로 — 164
그대로 되니라 — 165
하나님 보시기에 좋았더라 — 165

제12장 ✢ 여섯째 날[2]: 하나님의 형상(쩨렘) 안에서 그리스도와 연합된 아담을 창조하시다 — 167

우리가 사람을 만들고 — 169
우리의 형상을 따라 우리의 모양대로 — 170
모든 것을 다스리게 하자 하시고 — 176
하나님의 형상대로 사람을 창조하심 — 176
복(바라크): 생육, 번성, 충만, 정복, 다스림 — 179

제13장 ✦ 여섯째 날[3]: 하나님의 양식이 아들을 완성하다　**181**
　여섯째 날에 먹어야 하는 양식　　185
　보시기에 심히 좋았더라　　190
　저녁이 되고 아침이 되니 이는 여섯째 날이니라　　192
　화평케 하는 자는 복이 있나니　　193
　속죄일 (욤 키프르)　　194

제14장 ✦ 일곱째 날: '안식', 하나님의 온전한 드러나심　**196**
　천지와 만물　　198
　다 이루어지니라　　200
　일곱째 날에 안식하시니라　　202
　복과 거룩　　205

나가는 말　　207

시작하는 말

　우리는 눈에 보이는 세상에서, 보이는 것이 전부인 것처럼 살아갑니다. 그렇지만 눈에 보이지 않는 부분이 훨씬 더 크다는 것 또한 알고 있습니다. 보이는 것은 지극히 작은 부분에 지나지 않습니다.

　하나님의 말씀도 그렇습니다. 문자나 언어로 하나님의 모든 것을 표현하고 설명할 수 없습니다.

　창세기에 기록된 '일곱 날의 창조'도 마찬가지입니다. 보이는 창조를 말하고 싶은 것이 아니라, 보이지 않는 세계에 대해 말하고 싶은 것입니다. 하나님께서는 그 보이지 않는 세계를 우리 안에 만들고 싶어 하시는 것입니다. 성경은 그 세계를 천국이라고 합니다.

　하나님께서는 그 천국을 보여주고 싶어 하십니다. 일곱 날의 창조를 통해서 어떻게 예수 그리스도를 통해 우리 안에 천국을 만드시는지를 보여주시는 것입니다. 그것만 보여주십니다.

  이것이 복음입니다. 복음은 예수의 탄생, 십자가의 죽음, 부활 그리고 다시 오심(재림)의 의미를 설명합니다.

  이 책을 통해 일곱 날의 창조 이야기는 단순히 물리적인 세상의 창조가 아니라, 예수 그리스도를 설명하고 있다는 사실을 말하고 싶었습니다. 그리고 일곱 절기와 산상수훈의 팔복도 복음이라는 관점에서 서로 연결지어 설명했습니다.

  일곱 절기가 일곱 날의 창조와 팔복과 어떻게 연결이 되는지 생각하면서 읽으시면 좋을 것 같습니다. 한 가지 설명을 드리면 팔복에서 첫 번째 복은 일곱 날의 창조의 큰 그림인 창세기 1장 1절로 보시면 되고, 나머지 일곱개의 복을 일곱 날과 연결하여 보시면 됩니다.

  창조론이니 진화론이니 이런 것들로 싸울 일이 아닙니다. 싸우는 이유는 여전히 보이는 세계가 전부라고 생각하기 때문입니다.

  이 글을 읽는 모든 분이 보이지 않는 세계인 천국을 보길 원하며 그 세계가 우리 안에 온전히 이루어지기를 간절히 소망합니다.

  마지막으로, 이 책이 나올 수 있도록 설교를 글로 옮기고 편집에 도움을 주신 이성산 자매님 그리고 물질로 후원해 주신 김중우 형제님께 감사드립니다.

제1장

복음의 설계도

[1:1] 태초에 하나님이 천지를 창조하시니라

בְּרֵאשִׁית בָּרָא אֱלֹהִים אֵת הַשָּׁמַיִם וְאֵת הָאָרֶץ:

　창세기 1장 1절은 성경의 뼈대나 설계도와 같은, 성경에서 가장 중요한 말씀입니다. 다시 말해, 이 구절은 복음의 설계도이기 때문에 이 말씀을 이해하는 것은 성경 전체를 이해하는 것과 같습니다.
　그런데 우리는 창세기 1장 1절에 대해서 잘 모르고 있고, 대부분 이렇게 생각합니다.

　아, 태초에 하나님께서 이 세상의 모든 만물을 창조하셨구나!

하지만, 이게 전부가 아닙니다. 우리의 진짜 목적지를 알려주는 말씀입니다.

목적지에 관심 없는 사람이 있을 수 있습니다. 이 사람들은 옛 의식의 지배를 받으며 살 수밖에 없습니다. 옛 의식의 핵심은 '메가스'(μεγας)입니다. 메가스는 많아지려고 하고, 높아지려고 하며, 나를 드러내려고 하는 것입니다.

우리는 태어나면서부터 죽을 때까지 '메가스'를 추구하며 삽니다. 많이 갖지 못하고 배우지 못하면 마음이 힘들고 괴롭습니다. 옛 의식이 우리를 그렇게 만들어가기 때문입니다. 우리 마음속에 메가스, 즉 옛 의식의 알고리즘이 존재하기 때문입니다. 그러므로 우리는 진짜 목적지가 어디인지를 모른 채 옛 의식의 체계 안에서 살아갈 수밖에 없고, 마음과 생각이 병들 수밖에 없는 것입니다. 그래서 우리는 목적지에 관심을 가져야 합니다.

하나님의 설계도를 알아야 진짜 목적지에 갈 수 있습니다. 하나님의 설계도에는 우리를 구원하는 방법이 담겨 있습니다. 하나님의 말씀을 정확히 봐야 합니다. 그렇지 않으면 하나님의 말씀을 행위(율법)로 지키게 됩니다. 하나님의 말씀을 표면적으로 이해하게 된다는 뜻입니다.

그런 이해와 그것에 따른 행위는 무엇을 기대하게 될까요?

복을 기대하게 됩니다. 하나님이 복을 주시지 않으면 실망하게 됩니다. 하나님을 원망하게 됩니다.

하나님, 내가 이렇게 열심히 했는데, 하나님은 왜 나에게 물질의 복도 안 주시고, 자식의 복도 안 주시고 건강의 복도 안 주십니까?

하지만, 우리는 그런 복을 받기 위해서 예수를 믿는 것이 아닙니다. 우리는 그런 천국을 위해서 예수를 믿는 것이 아닙니다.

하나님의 사랑이 내 안에 임해서 그 사랑으로 하나님을 사랑하는 것이 복입니다. 하나님과의 온전한 연합을 이루는 것이 천국입니다. 그러므로 스스로에게 이런 질문을 던져야 합니다.

나는 말씀을 바로 알고 있는가?
하나님을 어떻게 이해하고 있는가?
내가 예수를 믿는 이유는 무엇인가?

다시 돌아와서, 창세기 1장 1절 말씀에 관해서 이야기합시다. 아주 중요한 말씀입니다.

베레쉬트(בְּרֵאשִׁית) 바라(בָּרָא) 엘로힘'(אֱלֹהִים)
: 태초에 하나님이 창조하셨다.
에트(אֵת) 하샤마임(הַשָּׁמַיִם) 베에트(וְאֵת) 하아레츠(הָאָרֶץ)
: 그 하늘과 그 땅을.

우리 안에 하늘과 땅을 만드는 것, 이것이 하나님의 목적입니다.

성경에서 '하늘'은 하나님의 임재가 있는 곳인데, 하나님이 계시는 곳은 하나님 자신입니다.

하늘이 하나님의 영역이라면, 땅은 나 자신의 영역입니다. 땅으로 존재하는 나를 하나님의 영역인 하늘로 만들어 버리겠다는 것이 하나님의 최종 목적입니다. 하나님께서 우리를 성전으로 만드시겠다는 것입니다.

태초에(베레쉬트)

우리를 성전으로 만들기 위해서 '베레쉬트 바라 엘로힘'이 있어야 합니다.

'베레쉬트'는 '태초'입니다. 베레쉬트는 전치사 '베이트'와 명사 '레쉬트'로 이루어져 있는데, 전치사 '베이트'는 '~안에', 영어로 'in'의 개념이고, '레쉬트'는 '근원, 시작'이라는 뜻입니다. 두 개를 합치면 '시작, 근원 안에서'라는 뜻으로 이것이 태초의 의미입니다.

무엇이 시작일까요?

예수입니다. 맨 처음 '베이트'가 나오는데, 이는 집과 성전을 뜻하며, 예수를 의미합니다.

정리하면, 태초(베레쉬트)는 예수 그리스도로부터 시작합니다. 예수는 우리의 마음 땅에 빛(불)을 넘겨주기 위해 오셨습니다.

> 내가 불을 땅에 던지러 왔노니 이 불이 이미 붙었으면 내가 무엇을 원하리요(눅 12:49).

이 빛(불)은 하나님 자신을 의미합니다. 예수께서 하나님을 넘겨주십니다.

먼저는 말씀을 주십니다. 말씀이 귀에 들려지고 깨달아지는 것, 그것이 '회개'입니다. 그래서 회개는 '은혜'입니다. 누구에게나 말씀이 들려지고 깨달아지지 않기 때문입니다. '회개'는 내 안에 빛이 들어와, 말씀이 들려져서, 우리의 의식이 변화되는 것입니다.

나의 잘못을 열거하는 것을 회개라고 하지 않습니다. 회개가 일어나면 전에는 율법으로 봤던 말씀이 복음으로 보이기 시작합니다.

이렇게 회개가 일어나는 때를 성경은 '태초'(베레쉬트)라고 합니다. 그래서 각자의 태초의 시기는 다릅니다. 아직 태초가 일어나지 않은 사람도 있는 것입니다.

하나님은 율법과 어두움 가운데 있던 우리에게 예수 그리스도를 통해서 빛을 넘겨주시고, 말씀이 기름 부음으로 임하게 하십니다. 그래서 우리 마음 땅에 계속 불이 꺼지지 않고 타오르게 됩니다. 그것을 통해서 우리는 우리 안에 '태초가 시작되었음'을 알게 됩니다. 엠마오로 가는 제자들처럼 말씀을 들을 때 마음이 뜨거워집니다.[1]

---

[1] 그 날에 그들 중 둘이 예루살렘에서 이십오 리 되는 엠마오라 하는 마을로 가면서(눅 24:13), 그들이 서로 말하되 길에서 우리에게 말씀하시고 우리에게 성경을 풀어 주실 때에 우리 속에서 마음이 뜨겁지 아니하더냐 하고(눅 24:32).

이것은 관념적인 것이 아닙니다. 실제로 우리 안에 그 빛(불)을 간직했다면 말씀을 들을 때 우리도 마음이 뜨거워집니다. 그렇게 하나님의 존재를 느끼게 됩니다.

창조하다(바라)

우리 마음에 빛을 간직하면 어떤 일이 일어나게 될까요?
하나님께서 우리 의식을 변화시키십니다.
'베레쉬트 바라'에서 '바라'는 '창조'입니다. 우리의 의식을 하나님의 의식으로 바꾸시는 것입니다. 의식의 변화를 통해 하나님께서 말씀하시는 창조가 내 안에서 이루어지고 있음을 알게 됩니다. 말씀을 통해서 하나님을 깨닫고 인식하고 보게 되기 때문입니다.
'창조'(바라)라는 단어는 다섯째 날의 피조물에 사용됩니다. 하나님은 다섯째 날에 바다 짐승과 새를 창조하시고 여섯째 날에 아담을 창조하십니다.
아담은 '자카르'와 '네케바'의 연합입니다. 창조의 시작은 바다 짐승과 공중의 새입니다. 창조의 완성은 아담, 즉 '내가 그리스도와 연합된 존재가 되는 것'입니다.
바닷물은 아랫물을 의미합니다. 우리에게 태초가 시작되었지만 아직은 밖에서 말씀을 공급 받습니다. 성경은 밖에서 공급 받는 말씀을 아랫물이라고 합니다. 밖에서 말씀을 공급 받는다는 것은 아랫물의 지배를 받는 상태입니다.

짐승은 '하야'라는 단어에서 온 '하이'입니다. '하야'는 '생명이 있다, 살아 있다'라는 뜻입니다. 바다 짐승이라는 것은 여전히 아랫물에 존재하지만, 예수 그리스도의 생명이 내 안에 존재하는 상태를 의미합니다.

그리고 하나님은 공중의 새를 만드십니다. 새는 '오프'입니다. 오프는 '덮다'라는 단어에서 왔습니다. 그런데 '무언가에 덮여 있다'라는 말에는 두 가지 의미가 있습니다.

첫째, 가려진 것, 비밀입니다. 내가 하나님의 존재를 제대로 인식하지 못하는 상태입니다. 하나님의 존재가 비밀입니다.

둘째, 보호하심입니다. 하나님의 날개로 나를 지키고 보호하시는 것입니다.

하나님께서 우리의 의식을 창조하실 때, 다섯째 날의 바다 짐승에서 새로, 여섯째 날에 땅의 짐승에서 가축으로 그리고 마침내 아담으로 만드십니다. 이것이 바로 아담을 만들기 위한 과정입니다.

하나님께서 우리를 자카르(그리스도)와 네케바(우리)가 연합된 존재로 창조해 가시는 것입니다.

하나님(엘로힘)

이어서 나오는 단어는 '엘로힘'입니다. 우리는 하나님의 이름을 '여호와'로 알고 있습니다. 그래서 여호와 하나님(여호와 엘로힘)으로 부릅니다. 이는 예수 그리스도와 같은 의미입니다.

'베레쉬트 바라'에는 '여호와'라는 이름이 숨겨져 있습니다. 즉, '여호와 엘로힘(예수 그리스도)에 의해서 창조가 된다'라는 말입니다.

'여호와'는 어떤 의미일까요?

출애굽기 3장에서 하나님께서 모세를 부르시고 이렇게 말씀하십니다.

> 이제 내가 너를 바로에게 보내어 너희에게 내 백성 이스라엘 자손을 애굽에서 인도하여 내게 하리라(출 3:10).

그러자 모세가 하나님께 묻습니다.

> 내가 이스라엘 자손에게 가서 이르기를 너희의 조상의 하나님이 나를 너희에게 보내셨다 하면 그들이 내게 묻기를 그의 이름이 무엇이냐 하리니 내가 무엇이라고 그들에게 말하리이까(출 3:13).

이때 하나님이 '에흐에 앗쉐르 에흐에'라고 말씀하십니다.[2] 'I AM WHO I AM', 성경은 '나는 스스로 있는 자'라고 번역했습니다. 이때 '에흐에'는 내가 존재한다는 뜻의 '하야 동사입니다. 영어의 'be 동사'와 같은 것입니다. '-이다, 있다, 되다, 존재하다'라는 의미입니다. 정리하면, 여호와의 뜻은 '내가 너희 안에 존재함으로 나의 존재를 드러낼 거야'라는 말입니다.

하나님께서 '여호와'라는 이름을 주신 이유가 무엇일까요?

> 나는 네 안에 있을 것이며 너를 통해 나를 증명해 낼 것이다.

즉, 하나님께서 우리를 하나님과 같은 존재로 만드시겠다는 것입니다. 하나님께서 우리 안에 하나님의 생명(불)을 주어서 우리 안에서 존재할 것이라고 선포하시는 것입니다.

하나님이 모세에게 "내가 이 백성들을 애굽에서 인도해 내서 반드시 그들과 함께 있겠다"라고 말씀하십니다. '함께 있다'라는 것은 '연합'을 의미합니다. 즉, 우리를 하나님과 같은 존재로 만들겠다는

---

[2] 이제 내가 너를 바로에게 보내어 너에게 내 백성 이스라엘 자손을 애굽에서 인도하여 내게 하리라(출 3:10). 모세가 하나님께 아뢰되 내가 이스라엘 자손에게 가서 이르기를 너희 조상의 하나님이 나를 너희에게 보내셨다 하면 그들이 내게 묻기를 그의 이름이 무엇이냐 하리니 내가 무엇이라고 그들에게 말하리이까 하나님이 모세에게 이르시되 나는 나는 스스로 있는 자이니라 또 이르시되 너는 이스라엘 자손에게 이같이 이르기를 스스로 있는 자가 나를 너희에게 보내셨다 하라(출 3:13-14).

것입니다.

'여호와'는 예수와 같은 말입니다. 예수의 히브리어가 '예슈아'입니다. '예슈아'는 '야샤'에서 온 단어로, '야샤'는 '구원하다'라는 뜻입니다.

우리 안에 하나님께서 주시는 빛(불), 즉 생명을 간직하는 것이 구원입니다. 그 생명을 간직해야만 구원이 있는 것입니다.

'엘로힘'에 대해 생각해 봅시다. '엘로힘'은 '말씀'입니다.

'내가 하나님의 아들이다'라는 예수의 말씀에 종교 지도자들이 '신성 모독이다'(요 10:24-39)라고 말합니다.

그러자 예수께서 '하나님의 말씀을 받은 자', 곧 '하나님의 말씀을 간직한 자'를 '엘로힘'이라고 했다고 말씀하십니다. 즉, '엘로힘'은 하나님의 말씀이 내 안에 존재하고 있는 상태를 설명하는 것입니다. 예수는 그 안에 말씀을 간직하고 있으므로 '엘로힘'인 것입니다.

사실, 엘로힘이라는 단어는 '신들'이라는 뜻입니다. 세상에는 수많은 신이 존재합니다. 근동 지방에는 여호와 하나님 외에도 다른 여러 엘로힘이 존재했습니다. 모든 신이 엘로힘(하나님)입니다.

모세가 십계명을 받으러 갔을 때 모세가 돌아오지 않으니 백성들이 아론에게 이렇게 말했습니다.

> 이제 모세는 죽었는지 살았는지 모르니 우리를 위해 '엘로힘'을 만들라
> (출 32:1, 사역).

자기들을 인도할 신을 만들자는 것입니다. 어떤 신이라도 상관없다는 것입니다.

하지만, 엘로힘이 우리 '안'에 존재하지 않으면, 즉 우리 '안'에 생수의 근원이 존재하지 않으면 그 엘로힘은 그냥 신들의 하나일 뿐입니다. 우리 안에 지성소와 언약궤가 존재하지 않으면 우리가 믿는 그 엘로힘은 여호와 하나님이 아닌 것입니다. 이것이 우상입니다.

생수의 근원이 '내 안'에 만들어졌을 때, 우리가 믿는 그 '여호와 엘로힘'이 비로소 나의 하나님이 되는 것입니다. 그때 '우리 안에 하나님이 계시다, 언약궤가 있다, 말씀이 있다'라고 말할 수 있는 것입니다. 그분이 내 안에 존재하지 않으면 우리가 믿는 하나님은 우상입니다.

그 하늘과 그 땅

'내 안에 생수의 근원이 만들어졌다'라는 것은 하나님의 영역인 하늘이 만들어진 것이기에, 하늘로부터 말씀이 나오게 됩니다. 기름 부음이 임하게 되는 것입니다.

말씀이 기름 부음으로 임하게 되면 우리의 일용할 양식이 됩니다. 그래서 우리 안에 꺼지지 않는 불이 계속 타오르게 만드는 것입니다.

그렇게 하나님은 우리의 마음 땅을 하나님의 영역으로 만드십니다.

하나님께서 하늘과 땅을 만드셨다고 할 때, 땅을 '에레쯔'라고 합니다. 이 '에레쯔'는 하늘이 덮고 있는 땅을 의미합니다. 그 하늘에 의해 만들어진 땅입니다.

하나님의 의식이 덮고 있는 것입니다. 하나님과의 연합입니다. 하늘(말씀)은 영화 필름 같은 것입니다. 영화 필름에는 보여주고 싶은 정보가 다 들어있습니다.

그런데 이 필름을 상영하기 위해서는 반드시 빛이 필요합니다. 마찬가지로, 우리 안에서 말씀이 계속 나와서 기름 부음으로 임하게 되고 내 안의 빛을 통해서 하나님이라는 존재를 인식하게 됩니다. 내가 하나님을 보고 알고 경험하게 되는 것입니다.

그러면서 '하나님의 의식으로 변화한 나'라는 존재가 만들어집니다. 하나님의 의식으로 바뀐 나의 의식으로 세상을 보고 느끼고 생각하게 됩니다. 모든 것의 의미를 다시 만들어가는 것입니다. 하나님께서 우리의 존재를 이렇게 만드시겠다는 것입니다.

나의 열심과 노력으로 가능할까요?

결코 가능하지 않습니다. 나의 열심과 노력을 통한 모든 시도는 복음이 아닙니다.

너희가 하나님을 사랑하고, 이웃을 사랑하라.

이것을 내가 할 수 있나요?

할 수 없습니다.

너는 마음을 다하고 뜻을 다하고 힘을 다하여 하나님을 사랑하라 (신 6:5).

하나님께서 우리에게 이렇게 말씀하시는데, 도대체 어떻게 하나님을 사랑해야 합니까?

지금보다 2배, 3배, 4배 … 그렇게 열심을 내면 힘을 다해 하나님을 사랑하는 것일까요?

절대 그렇지 않습니다. 그럴 수 없습니다.

'힘을 다한다'라는 말은 '내 안에 있는 말씀이 흘러넘친다'라는 의미입니다. 우리 안에 하나님을 간직하면, 그분의 사랑을 간직하게 되어 여호와와 연합된 존재가 되고 우리 마음과 생각, 우리의 모든 것이 하나님의 것으로 바뀌어 버립니다. 흘러서 넘칠 정도로 하나님이 우리 안에 충만하게 되는 것입니다. 이것이 십일조이며, 이것이 복음입니다.

우리 안에 존재하지 않으니까 열심을 내어 채워보려고 노력하는 것입니다. 하지만, 그것으로는 절대로 채워지지 않습니다. 사랑은 하나님 자신이기 때문입니다. 우리 안에 존재하시는 하나님의 사랑이 밖으로 흘러넘치면 이웃을 사랑할 수 있습니다.

결코 내가 나를 바꿔 갈 수가 없습니다.

우리 안에 이 '베레쉬트'(태초)가 시작되고, 우리가 하나님의 구원 계획, 그 설계도를 이해해야 합니다.

이 책을 읽는 모든 분이 인생의 목적지와 설계도를 분명히 깨닫고, 하나님께서 주시는 믿음의 길을 온전히 걸어가시기를 바랍니다.

제2장

우리의 진짜 모습

> [1:2] 땅이 혼돈하고 공허하며 흑암이 깊음 위에 있고 하나님의 영은 수면 위에 운행하시니라
>
> וְהָאָרֶץ הָיְתָה תֹהוּ וָבֹהוּ וְחֹשֶׁךְ עַל־פְּנֵי תְהוֹם וְרוּחַ אֱלֹהִים מְרַחֶפֶת עַל־פְּנֵי הַמָּיִם׃

창세기 1장 1절은 복음의 설계도와 같다고 했습니다. 이 말씀을 제대로 이해해야 성경 전체가 무엇을 의미하는지, 우리를 향한 하나님의 계획이 무엇인지 이해할 수 있다고 했습니다.

창세기 1장 2절은 태초(베레쉬트)가 시작되기 전에 우리의 모습이 어떠한지, 그러니까 어디서부터 우리의 믿음이 시작되는지 보여주는 말씀입니다. 그러므로 1장 1절 못지않게, 1장 2절 말씀이 정말 중요합니다. 우리의 시작을 아는 것은 중요하기 때문입니다.

출애굽하지 않은 사람의 모습을 알아야 합니다. 알아야 거기서 나올 수 있기 때문입니다. 우리의 본래 모습을 이해하지 못하고, 지금 나의 모습을 보지 못하면 거기에서 나올 수가 없기 때문에, 1장 2절 말씀이 중요합니다.

땅이 혼돈하고 공허하며

창세기 1장 2절의 시작입니다. 땅은 우리의 의식이 존재하는 영역이고, 하늘은 하나님의 의식이 존재하는 영역입니다. 즉, 땅(에레쯔)은 우리의 영역이고, 하늘(샤마임)은 하나님의 영역입니다.

이때 땅(에레쯔)은 '옛' 땅입니다. 하나님이 만들고자 하는 하늘과 땅은, '새' 하늘과 '새' 땅입니다. 하나님의 의식에 의해서 옛 땅이 바뀌어 새 땅이 되는 것입니다. 곧, 우리 옛 의식을 하나님 의식으로 바꾸는 것이 요한계시록이 말하는 새 땅입니다.

이 옛 땅(에레쯔)이 혼돈하고 공허하다는 것이 1장 2절의 말씀입니다. 혼돈은 '토후'이며 '토후'는 '황폐함을 의미합니다. 공허는 '보후'이고, '보후'는 '비어 있음'을 의미합니다.

혼돈과 공허를 이해하기 위해서는 '흑암'이라는 단어를 이해해야 합니다. 흑암은 '호셰크'입니다. 흑암은 '암흑, 어둠'입니다.

흑암(호셰크)를 이해하기 위해서는 그 뒤의 문장을 이해해야 합니다.

수면 위를 운행하시는 하나님의 영

하나님의 영은 '루아흐'입니다. 하나님의 성령입니다. 성령(루아흐)은 하나님과 우리를 연결하고, 하나님을 보여주고 표현하고 드러냅니다.

'수면 위'라는 것은 '물 위'라는 것입니다. 하나님의 영이 수면 위를 운행하신다는 것은 하나님 자신이 물 위에 존재한다는 것입니다.

우리가 이 말씀들을 생각할 때, 마치 하나님께서 이 땅을 만들기 전에 나무도 풀도 짐승도 없는, 어둠 속에 물이 있고 그 물 위를 물안개처럼 성령님이 운행하시는 것처럼 이미지화 합니다.

하지만, 아닙니다. 하나님의 말씀은 지금 보이는 세상을 설명하기 위한 것이 아니라 영적인 것을 설명하기 위한 것입니다. 하나님의 의식이 물 위에 존재한다고 생각하셔야 합니다.

'물 위에 존재하고 있다'라는 구절에서 '알 파님 하마임'의 '알'은 '-위'라는 전치사이고, '파님'은 '얼굴, 표면'이라는 뜻입니다. '마임'은 말씀입니다. 따라서, '알 파님 하마임'은 '말씀의 표면 위'라는 뜻입니다. 이것은 영적인 의미로, 우리가 하나님의 말씀을 표면으로 인식하는 상태, 하나님의 존재를 껍데기로 인식하는 상태입니다.

말씀의 껍데기는 문자이며 문자(껍데기)로는 하나님이라는 존재를 완전히 드러낼 수 없습니다. 그 안의 진짜 의미를 보지 못하고 문자(껍데기)를 보면 하나님의 말씀을 오해할 수밖에 없습니다. 말씀을 오해하면 실천해서 이루려고 하게 됩니다.

　하지만, 말씀은 실천하라고 주신 것이 아니라, 하나님의 구원 계획을 깨달으라고 주신 것입니다. 보이는 것(껍데기)만 보면 말씀은 율법이 될 수밖에 없으므로, 반드시 말씀 안의 의미를 이해해야 합니다. 말씀을 깨닫는 그 상태를 복음이라고 합니다.

　세상의 원리도 마찬가지입니다. 과학적인 관점에서 이야기해 봅시다. 고전 역학은 보이는 세상의 보이는 질서, 원리를 체계화하고 정리해 놓은 것입니다.

　중·고등학교 물리 시간에 배운 'f=ma' 법칙을 통해 모든 것을 해석할 수 있는 것처럼 보입니다. 현재 위치와 속도를 알면 미래를 예측할 수 있다고 하지만, 이러한 고전 역학은 미시 세계에서는 성립하지 않습니다. 단지 거시 세계에서만 설명할 수 있을 뿐입니다. 미시 세계, 그러니까 원자의 세계는 양자 역학으로 설명합니다.

　우리가 상식으로 알고 있던 고전 역학은 다 깨지고, 상식적이지 않은 일들이 일어나는 것입니다. 완전히 새로운 원리가 필요한 것입니다. 거시 세계에서는 미래를 예측할 수 있었지만, 미시 세계에서는 미래를 예측할 수 없습니다. 양자 역학에 따르면 미래는 확률로만 존재합니다. 완전히 비상식적이고 새로운 설명입니다.

　보이는 세계와 보이지 않는 세계도 마찬가지입니다. 보이는 세계는 문자로만 하나님을 이해하는 세계입니다. 문자로만 하나님을 이해하면 그것이 전부라고 생각하게 되는데, 이것은 율법의 세계입니다.

하지만, 문자 안의 내용에 들어가 보면 전부라고 생각했던 모든 것들이 깨져 버리고, 하나님을 오해하고 있었음을 알게 됩니다.

보이지 않는 세계는 문자 안의 내용을 이해하는 세계, 곧 복음의 세계입니다.

십계명의 제1계명은 "너는 나 외에 다른 신을 내게 있게 하지 말지니라"(출 20:3)입니다.

이것은 의역이고, 직역하면 '너는 내 얼굴 위에 다른 신이 있게 하지 말라'입니다. '얼굴 위'는 '알 파님'입니다. '파님'은 얼굴, 표면을 뜻합니다. 그래서 제1계명은 껍데기가 하나님이 드러나지 못하게 막고 있는 상태를 설명하고 있는 것입니다. 껍데기는 표면적인 것, 보이는 것입니다. 그런 껍데기가 하나님이라는 존재를 가리고, 막고 있다는 것입니다. 하나님께서 얼굴 위(알 파님)로 존재한다는 것입니다. 껍데기로 하나님을 경험하면 다른 신으로 보일 수밖에 없으므로 하나님이 우상이 될 수밖에 없습니다.

제1계명은 제6계명과 같습니다. 6계명은 "살인하지 말라"(출 20:13)입니다. 즉, 하나님을 껍데기로 인식하는 것은 하나님을 살인한다는 것입니다.

살인이 무엇일까요?

하나님을 살인한다는 것은 하나님의 존재를 부정하는 것, 하나님을 제대로 인식하지 못하고 다른 하나님, 다른 신으로 인식하는 것입니다.

성경은 이런 상태를 '어둠'(호셰크)이라고 합니다. 어둠은 빛이 존재하지 않는 상태를 말합니다.

빛이 존재하지 않으면 보지 못합니다. 영적인 빛(불)이 존재하지 않으면 하나님을 보거나 인식하거나 경험할 수 없습니다. 빛이 없는 어둠(호셰크) 상태에서는 하나님을 껍데기로 인식할 수밖에 없으며, 빛(불)이 없으므로 하나님을 볼 수 없습니다.

흑암이 깊음 위에 있고

'호셰크 알파님 테홈'에서 '테홈'은 '깊음'을 뜻합니다.

성경에서 '테홈'은 노아 홍수에서 쓰이며, 이때 물은 깊은 샘에서 나옵니다. 깊은 샘이 터지고 하늘의 창이 열립니다. 여기서 '깊은'이 '테홈'입니다. '테홈'은 모세가 이스라엘 백성들을 이끌고 홍해를 건너는 사건에도 쓰입니다. 성경은 홍해를 '테홈'이라고 표현합니다. 이를 보면, 노아 홍수 사건과 홍해를 건너는 사건이 같다는 것을 알 수 있습니다.

두 사건에서 '테홈'은 물에 의해 죽는 것을 의미합니다. 노아 홍수 때 물(말씀)에 의해서 죽는 것입니다. 홍해를 건넌다는 것은 죽고 다시 살아나는 것을 의미합니다. 그래서 사도 바울은 홍해 사건을 '세례'라고 말하며 '세례'는 내가 예수와 함께 십자가에서 죽고 다시 살아나는 것, 즉 부활을 의미합니다. 말씀 때문에 죽는 것입니다.

깊은 샘이 터지고 하늘의 창이 열린다는 것은 홍수에 의해서 세상의 모든 것이 죽었음을 이야기하는 것이 아니라, 말씀이 나를 덮어 버리고 나의 의식을 깨뜨려 버리는 영적인 사건을 이야기하는 것입니다. 이것이 회개입니다. 나의 의식을 죽이는 것, 그것이 테홈(깊음)입니다.

> 예수께서 무리를 보시고 산에 올라가 앉으시니 제자들이 나온지라 입을 열어 가르쳐 가라사대(마 5:1-2).

예수께서 입을 열어 가르치시는 것은 홍수 사건을 의미합니다. 그 말씀 때문에 죽게 되기 때문에 홍해를 건너는 사건입니다. 노아의 홍수를 생각해 봅시다. 먼저는 그 말씀 때문에 내가 죽어야 합니다. 말씀이 나를 덮어 버려야 죽고 다시 살아나게 됩니다.

그 홍수가 끝난 후 하나님께서 '무지개'를 주시면서 '하나님과 노아 사이의 언약'이라고 말씀하십니다.

그런데 무지개를 보려면 빛과 물이 있어야 합니다. 물은 말씀을 의미합니다. 하나님의 빛과 말씀(물)을 통해서 언약을 주시는 것입니다.

빛은 '쉰'(ש), 말씀은 '멤'(מ)이라는 히브리어 자음을 사용합니다. 이 두 자음이 합쳐지면 '쉠'(שׁמ), 즉 이름이 됩니다.

'쉠'은 예수 그리스도입니다. 예수 그리스도를 통해서 새 언약을 우리 안에 주시겠다는 것입니다. 예수를 통해 새 언약을 우리 안에 간직하게 하시고, 그를 통해서 언약이 드러나게 되는 것입니다. 무지개를 볼 수 있는 것처럼, 무지개(언약)를 통해서 하나님이라는 존재를 인식하게 되는 것입니다. 그리고 하나님은 "내가 다시는 너를 물로 심판하지 않겠다"(창 9:11)라고 하십니다.[3]

내가 예수와 함께 십자가의 죽음을 죽고 부활하는 것입니다. 그리고 밖에서 전해지는 말씀이 기름 부음으로 임해서 내 안에 존재하는 불이 꺼지지 않고 타게 됩니다. 그 불에 의해서 나의 겉사람을 죽이십니다. 이것이 하나님께서 우리에게 허락하시는 은혜이며 약속입니다.

결국, 은혜를 주기 위함입니다. 하나님이 우리 안에 빛(불)과 말씀의 근원을 주시고 그것이 우리 안에 간직되면, 하나님과 우리 사이의 언약이고 약속이 됩니다. 반드시 우리를 하나님과 같은 존재로 만들 것이라는 약속입니다.

그러면 내 안에 있는 말씀이 나오게 되어서 노아의 벗었음을 드러냅니다. 노아의 부끄러움을 드러내시는 것입니다. 말씀이 내 안에 있게 되면 이 '쉠'(이름)이 우리의 부끄러움을 드러냅니다.

> 이게 너라는 존재야. 이게 너야. 네가 지금까지 이렇게 살아온 거야. 이 호쉐크(어둠)로 살아온 거야. 너의 정체는 호쉐크(어둠)야.

---

[3] 내가 너희와 언약을 세우리니 다시는 모든 생물을 홍수로 멸하지 아니할 것이라 땅을 멸할 홍수가 다시 있지 아니하리라(창 9:11).

이것을 보여주시는 것입니다.

'함'은 율법이므로, '함'으로는 그 부끄러움을 가릴 수 없습니다.

아담과 하와가 선악을 알게 하는 나무의 열매를 먹고 나서 그들의 부끄러움이 드러나게 됩니다. 처음에는 무화과 나뭇잎으로 부끄러움을 가리려고 합니다. 무화과 나뭇잎은 율법의 행위를 의미합니다.

행위로는 우리의 부끄러움을 가릴 수 없습니다. 셈과 야벳으로 그 부끄러움을 가릴 수 있습니다. '셈'은 '이름'입니다. '셈'(이름)으로 나를 가리는 것은 말씀으로 나를 덮어 버리는 것입니다. '야벳'은 확장입니다. '셈'(이름)이 확장되어 나를 온전하게 덮는 것을 의미합니다. 그것을 그리스도로 옷 입었다고 말합니다.

'노아'는 '안식, 쉼'입니다. 종국에는 진정한 안식을 주시는 것입니다.

땅이 혼돈하고 공허함

진정한 안식의 시작은 말씀입니다. 그런데 내가 '호쉐크'(어둠)의 상태에 있으면 '태홈'(깊음)을 경험할 수 없습니다. 그러므로 우리 마음은 '토후'(황폐하다)하고 '보후'(공허하다)할 수밖에 없다는 것입니다.

'토후'(황폐하다)는 생명이 없는 상태를 의미하는데, 생명이 없는 것은 '셈'(이름)이 없다는 것입니다. '셈' 자체가 생명이며 예수 그리스도 자체이기 때문입니다. '쉠'은 '쉰'과 '멤'의 합성어이며 '쉰'은 예수, '멤'은 그리스도를 뜻합니다. 그래서 '쉠'은 예수 그리스도입니다.

우리 안에 '쉠'(예수 그리스도)이 없으면 황폐합니다. 우리 마음에 본질이 없고 생명이 없으므로 공허할 수밖에 없습니다. 공허하다는 것은 마음이 비어 있다는 의미입니다.

예수를 믿고 있음에도, 그렇게 열심을 내는데도 우리의 마음이 공허한 이유가 뭘까요?

하나님이라는 존재를 인식하고 경험할 수 없기 때문입니다. 우리는 공허함을 내 열심과 노력으로 채우려고 합니다. 무언가를 열심히 하면, 이 공허함이 없어질 것 같아서 정말 열심히 합니다. 아침부터 저녁까지 말씀 듣고 기도하고 헌금하고 봉사하고 선교하고 제자훈련하고 전도폭발훈련하고 큐티도 합니다. 공허함을 채우기 위해 기도원을 찾아다니며 영적인 현상을 경험하려고 합니다. 어떤 현상을 경험하면 내가 하나님을 인식하고 경험하는 것 같기 때문입니다.

하지만, 하나님께서 무언가를 들려주시고 보여주신다고 하더라도 말씀을 깨닫지 못하면, 모든 것은 그저 잠시 있다가 없어지는 현상에 불과할 뿐입니다.

하나님께서 나에게 금식 혹은 기도를 명하셨다고 생각해 봅시다. 그러나 말씀을 깨닫지 못하면 금식과 기도를 껍데기(문자 그대로의 의미)로 할 수밖에 없습니다. 밥을 굶고 나의 소원을 이루려고 기도할 수밖에 없습니다.

금식은 밖에 있는 율법의 말씀에서 벗어나는 것이고, 기도는 하나님의 뜻이 내 안에서 이루어지는 것인데, 말씀을 깨닫지 못하면 하나님이 들려주시는 것, 보여주시는 것이 나에게는 아무 도움이 되지 않습니다. 하나님의 뜻을 절대로 알 수 없습니다. 천국과 지옥을 보여준다고 해도 물질적으로 볼 수밖에 없으며 그게 전부라고 생각해 버립니다.

보이는 것, 물질적인 것으로는 나의 공허함을 채울 수 없습니다.

그러면 하나님께서는 우리에게 무엇을 원하시는 걸까요?

'쉠(이름, 예수 그리스도)을 간직하라'고 말씀하시는 겁니다. 우리 안에 생명(불, 빛)을 간직하라고 하십니다. 하나님은 생수의 근원(지성소)을 통해서 말씀이 나오고, 말씀이 기름 부음으로 우리 안(성소)에 임하는 상태가 되는 것을 원하십니다.

그러면 우리 마음이 뜨거워집니다. 그것으로 하나님의 존재를 느끼게 하시고 우리의 모습을 보여주십니다. 우리 안의 '호셰크'(어둠)를 없애기 위해서입니다. 그러면 우리 안의 공허함이 사라지게 됩니다. 하나님의 존재가 참으로 확실하고 분명하기 때문입니다.

우리가 공허한 이유는 많은 것을 소유하지 못해서가 아닙니다. 하나님을 인식하지 못하기 때문입니다. 우리는 하나님으로 채워져야 만족을 느낄 수 있는 존재입니다. 하나님의 존재 그 자체가 우리의 전부입니다. 그것만이 '나'라고 말할 수 있는 것입니다.

그런데 하나님은 왜 우리를 어둠 가운데 놓아두실까요?

어둠을 경험해야만 빛의 가치를 이해할 수 있기 때문입니다. 우리가 태어나면서부터 부자라면 가난이 무엇인지 알지 못하며, 가난을 경험할 수 없으므로 부유함을 알 수 없습니다. 가난을 경험해야만 진짜 부유함을 알게 됩니다.

마찬가지로, 율법 안에 있어 봐야만 복음 안에 있는 것이 얼마나 가치 있는지 알 수 있습니다. 공허함을 느낀 사람만이 진짜 '쉠'(예수 그리스도)의 가치를 알게 됩니다. 어두움, 죄를 경험하고 공허함을 경험한 사람만이 예수 그리스도가 내 안에서 어떤 가치가 있는지 알게 되는 것입니다. 애굽에서 나온 사람은 항상 그 어둠을 기억해야 합니다. 나의 시작이 호셰크(어둠)였음을 기억하십시오. 그래야만 이 모든 것이 하나님의 은혜임을 알게 됩니다.

> 그 어둠 가운데 있던 나를 하나님께서 건져내셨구나.

그 힘으로 우리가 믿음의 길을 가는 것입니다. 믿음의 길은 결코 쉽지 않습니다. 그런데도 그 길을 갈 수 있는 것은 우리의 시작이 어디인지 알기 때문입니다. 죄 가운데 살 수밖에 없고, 노예로 살 수밖에 없는, 그 어두움 가운데 살 수밖에 없는 우리를 하나님께서 하나님의 은혜로 건져내셨음을 알 수 있습니다. 이 말씀이 들려져서, 자신을 볼 수 있어야 합니다.

내가 목사, 장로, 권사임에도 불구하고, 여전히 나의 모습은 지금 애굽이구나, 어두움 가운데 있구나. 이 호쉐크(어둠) 가운데 있구나. 내가 하나님을 껍데기로 인식하고 있고, 내가 율법 안에 있구나. 그래서 나의 마음이 공허한 거구나.

이것을 깨닫고, 거기서 나와야 합니다. 애굽, 어둠 가운데서 나와야만 합니다. 하나님께서는 우리를 어둠에서 꺼내기 위해서 빛을 주십니다.

우리의 시작이 어딘지를 알아야 하기 때문에, 창세기 1장 2절 말씀이 참으로 중요합니다. 이 말씀을 온전히 이해해야 모든 것이 은혜임을 알게 되기 때문입니다.

이 말씀을 통해서 내가 지금 서 있는 이곳이 어디인지 깨달으시기를 간절히 소원합니다.

제3장

첫째 날: 하나님의 시간이 시작되다

[1:3] 하나님이 이르시되 빛이 있으라 하시매 빛이 있었고

וַיֹּאמֶר אֱלֹהִים יְהִי אוֹר וַיְהִי־אוֹר׃

[1:4] 빛이 하나님이 보시기에 좋았더라 하나님이 빛과 어두움을 나누사

וַיַּרְא אֱלֹהִים אֶת־הָאוֹר כִּי־טוֹב וַיַּבְדֵּל אֱלֹהִים בֵּין הָאוֹר וּבֵין הַחֹשֶׁךְ׃

[1:5] 하나님이 빛을 낮이라 부르시고 어두움을 밤이라 부르시니라 저녁이 되며 아침이 되니 이는 첫째 날이니라

וַיִּקְרָא אֱלֹהִים| לָאוֹר יוֹם וְלַחֹשֶׁךְ קָרָא לָיְלָה וַיְהִי־עֶרֶב וַיְהִי־בֹקֶר יוֹם אֶחָד׃

이 말씀은 하나님이 호쉐크(어둠)의 상태에 있는 우리를 어떻게 하시려는지를 설명합니다.

하나님이 이르시되

이 구절은 매우 중요합니다. "하나님이 이르시되"는 '요메르 엘로힘'입니다. '아마르'는 '말하다'이고 '엘로힘'은 '하나님'입니다. '요메르 엘로힘'은 '하나님이 말씀하셨다'라는 뜻입니다.

이것은 굉장히 중요한 사건입니다. 이제 하나님이 자신을 드러내시겠다는 선언이기 때문입니다.

마태복음 5장 2절에서 팔복을 설명하기 전에 "예수께서 입을 열어 가르쳐 가라사대"라고 합니다. 비밀로 있던 것들을 모두 열어 보여주겠다는 의미입니다. 엄청난 은혜를 담고 있는 말씀입니다.

빛이 있으라 하시매 빛이 있었고

"빛이 있으라 하시니 빛이 있었다"라고 말씀하십니다. '빛'의 의미를 아는 것이 매우 중요합니다. 여기서 '빛'은 우리가 알고 있는 태양빛이나 별빛의 개념이 아니라, '영적인 빛'입니다. 빛은 하나님 임재의 상징입니다. 빛에는 두 가지 특징이 있습니다.

첫째, 빛은 생명의 시작입니다. 생명 자체입니다.
둘째, 빛은 생명을 유지하는 역할을 합니다. 우리 안에 존재하는 생명을 유지합니다.

내 안에 빛이 존재한다는 것은 '내가 살아 있다'(생명이 있다)라는 뜻입니다. 그리고 빛은 생명을 유지해 줍니다. 과학에서 질서가 유지된다는 것은 엔트로피가 낮은 상태를 가리킵니다.

그렇다면 질서가 깨지는 것은 무엇이라고 할까요?

죽음입니다. 물리적인 빛은 생명을 영원히 유지해 주지 못하지만, 영적인 빛은 생명을 영원히 유지합니다. 성경은 이것을 '영생'이라고 합니다.

하나님의 빛이 만드는 질서는 절대로 무너지지 않고 영원히 그 상태를 유지합니다. 죽지 않는 것, 생명이 계속 유지되는 것입니다.

영생을 다른 측면에서 생각해 봅시다. 자연법칙은 영적인 의미를 보여주고 설명합니다. 과학에서 빛의 속도로 달린다는 말은 시간이 정지한다는 뜻입니다. 시간과 공간의 개념이 사라지는 것입니다. 내 안에 하나님의 빛을 간직하면 영원을 살게 됩니다.

그러므로 우리 안에 빛을 간직하고 있는지는 너무나 중요합니다. 영생을 사느냐 그렇지 못하느냐의 문제이기 때문입니다. 그래서 성경은 이렇게 질문합니다.

너희 안에 생명(빛, 불)이 존재하고 있느냐?

"예수"의 이름은 '구원'이라는 뜻입니다. '예수'는 우리에게 생명(빛, 불)을 넘겨준다는 뜻입니다. '구원'은 예수의 빛을 내 안에 간직하는 것입니다.

예수 안에 존재하는 빛을 우리에게 넘겨주신 것입니다. 그리고 우리가 이 빛을 간직하게 된 상태를 '빛이 존재하고 있다'라고 말합니다. 이 구절은 '내가 예수와 함께 십자가의 죽음을 죽었느냐'를 설명합니다.

정리하면, '우리가 예수와 함께 십자가의 죽음을 죽고, 예수의 생명이 우리 안에 심겼다'라는 의미를 담은 구절입니다.

빛이 하나님이 보시기에 좋았더라

4절에서는 "그 빛이 하나님의 보시기에 좋았더라"고 합니다. 우리 안에 빛이 존재하고 있음을 하나님께서 확인시켜 준다는 의미입니다. '야르'는 '그가 보다, 그가 확인하다'는 의미를 담고 있습니다. '키 토브'는 '좋았다'입니다. 창세기 일곱 날의 창조 중 둘째 날을 제외하고는 '키 토브'라는 단어가 계속 나옵니다.

하나님이 보시기에 뭐가 그리 좋았던 것일까요?

우리 안에 빛이 있음을 확인하는 것이 좋으셨다는 것입니다.

'라아'(보다)에 대해서 좀더 알아봅시다.

물리학, 특히 양자 역학에서 본다는 것은 관찰입니다. 과학적인 사실을 통해서 영적인 세계를 짐작할 수 있다고 말씀드렸습니다. 관찰은 무언가를 실체화합니다. 우리가 보기 전까지 모든 물질은 파동으로 존재합니다. 형태를 가지고 있지 않다는 말입니다. 그런데 관찰이 이루어지는 순간, 파동 함수가 붕괴하고 입자의 상태가 되어 우리가 눈으로 볼 수 있게 됩니다.

결국, '라아'(본다)는 모양과 형태를 만들어 내는 것입니다.

마찬가지로, 하나님의 관찰은 우리 안에 빛이 존재하고 있음을 확인하고 확증합니다. 이런 모든 과정이 하나님께는 '토브', 곧 선입니다. 심지어 어둠과 죄까지도 '토브'(선)입니다.

왜 그럴까요?

하나님이 행하시는 구원 사역의 일부이기 때문입니다. 하나님은 먼저 우리를 어둠 가운데에 있게 하십니다. 애굽을 경험하고 그 어둠에서 나오게 하십니다. 이것이 토브입니다. 그 자체가 선이신 하나님께서 계획하신 바를 실행하고 있기 때문입니다.

그렇다면 '악'은 무엇일까요?

어둠, 애굽, 죄에 머물러 있는 상태가 악입니다.

그러나 그 상태에서 나오게 되면 토브(선)가 됩니다.

우리가 믿음의 길을 가면서 때로는 넘어지기도 하고 이해되지 않는 것들도 있으며 힘든 순간도 있습니다.

그런데 하나님께서는 그 모든 과정이 선하다고 하십니다. 우리 안에 생명(빛, 불)이 존재하는 한, 하나님께서 우리를 다시 일으켜 세워서 믿음의 길을 가게 하실 것이기 때문입니다. 반드시 하나님께서 우리를 인도하실 것이며 궁극에는 하나님과 같은 존재로 만들 것이기 때문에, '토브'(선)라고 말씀하시는 것입니다.

하나님께서 빛과 어둠을 나누사

빛을 통해 어둠을 인식하게 된다는 뜻입니다. 빛이 없으면 보거나 인식할 수 없습니다. 색깔을 보거나 물체를 볼 수 있는 것은 빛이 존재하기 때문입니다. 빛이 있기 전에는 어둠(율법)이 무엇인지 모르고 삽니다. 하지만, 빛을 간직하면 비로소 알게 됩니다.

> 아, 이게 어둠이구나, 율법이구나. 나의 진짜 모습은 애굽이었구나. 나는 애굽에 살던 존재였구나.

율법에 대해 좀 더 알아봅시다. 바리새인, 서기관, 종교 지도자들만 율법 안에 있다고 생각하지만 아닙니다. 우리도 율법 안에 있습니다. 하나님의 말씀을 문자 그대로 보고 행위로 실천하는 것이 '율법'이기 때문입니다.

율법은 의식의 체계이며 질서이고 틀입니다. 그 체계로 말씀을 보고 열심히 실천하려고 했던 우리 모습이 율법입니다. 산상수훈을 도덕, 윤리로 생각하고 열심히 실천하고 지키려 한다면, 그것은 율법 안에 있는 상태입니다. 사도들의 말씀도 마찬가지입니다.

> 바울이 이렇게 살라고 했으니 나도 이렇게 살아야지, 열심과 노력을 내어서 살아봐야지.

이런 생각이 율법입니다.

반면, 하나님의 말씀은 어떤 행위를 하라는 것처럼 보이지만, 사실 복음입니다. 말씀 안에 예수 그리스도가 담겨 있으며 복음이 무엇인지 설명합니다. 왜 예수 그리스도가 구원인지 설명하는 것이 성경 말씀입니다. 이렇게 보지 못한다면 우리 모두 율법 안에 있는 것입니다.

빛을 낮이라 어둠을 밤이라 부르시니라

성경은 빛을 낮, '욤'이라고 하시며, 어둠을 밤, '라일라'라고 합니다. 빛을 간직하고 살아가는 모든 시간이 '욤'(낮)입니다. '날'이라고 합니다. 이스라엘 백성에게 '날'은 해가 뜰 때부터 질 때까지입니다.

우리 속사람은 '욤'(낮)을 살고, 겉사람은 '라일라'(밤)를 살게 됩니다. 욤(낮)은 생명이 자라는 시간, 나 자신을 볼 수 있는 시간이며 하나님을 보는 시간입니다. 하나님이라는 존재를 경험하는 시간입니다. 우리는 빛을 간직할 때 하나님을 인식하고 경험하게 되며 하나님이 우리에게 자신을 드러내겠다는 선언이 성취됩니다.

한편, '라일라'(밤)의 어원의 뜻은 '둘러싸다, 에워싸다, 휩싸이다, 휩싸다'입니다. 어둠, 율법, 옛 의식이 나를 둘러싸고 있는 시간을 밤이라고 합니다. 밤은 우리의 겉사람을 인식하지 못하는 시간, 하나님을 볼 수 없는 시간입니다. 밤에는 잠을 잡니다. 잠을 잔다는 것은 죽어 있는 것입니다. 그래서 하나님께서 밤에 깨어 있으라고 말씀하십니다. '밤에 깨어 있다'는 것은 밤이라는 시간을 낮으로 사는 것, 밤이 없어져서 존재하지 않게 되었을 때 빛으로 어둠을 인식하는 것을 말합니다.

"깨어 있으라"는 예수님의 말씀은 겉사람으로 존재하지 말라는 것입니다. 우리의 겉사람이 존재하면 밤을 살 수밖에 없고, 그러면 깨어 있지 못하고 잠을 자는 상태, 즉 죽은 상태가 되기 때문입니다.

저녁이 되며 아침이 되니

"저녁이 되고 아침이 된다"라는 것은 단순히 시간의 흐름을 의미하지 않습니다.

저녁은 '에레브'입니다. '에레브'(저녁)의 어원은 '아라브'로 '사라지다, 없어지다'라는 뜻입니다. 어두움, 밤이라는 시간이 없어지고 사라지는 것을 '에레브'(저녁)라고 합니다. 창세기 여섯째 날까지

이 구절을 반복해서 말씀하십니다.

우리 안의 에레브(저녁)라는 시간이 계속 사라지고 없어져야 하기 때문입니다. 하나님의 창조 행위를 통해 우리 안에 창조가 일어나므로 에레브(저녁)가 없어지고, 아침이 옵니다.

아침은 '보케르'입니다. '보케르'(아침)의 어원은 '바카르'로 '보다, 관찰하다, 자세히 보다, 찾다'라는 뜻입니다. 하나님을 인식하고 경험하게 되는 것을 '보케르'(아침)라고 합니다.

저녁이 오고 아침이 오는 과정들이 계속 반복되면서 우리에게 있는 껍질을 벗습니다.

성경은 이 껍데기가 존재하는 상태를 '나병'이라고 합니다. 나병이라는 단어가 '껍질'이라는 뜻입니다. 과부의 두 렙돈입니다. 렙돈이라는 단어도 나병이라는 단어와 어원이 같은, 껍질이라는 뜻입니다. 껍질이 다 벗겨져야 나병에서 낫는 것입니다.

우리도 마찬가지입니다. 성경은 우리를 감싸는 겉사람의 껍질을 벗기는 작업을 "저녁이 되고 아침이 되니"라고 말합니다.

이는 첫째 날이니라

원문은 '욤 에하드'입니다. 사실 원문을 번역하면 '첫째'가 아닙니다. '에하드'는 서수가 아니라 기수이기 때문입니다. 서수는 '첫째, 둘째' 등 순서를 의미합니다. 기수는 '하나, 둘, 셋' 등을 의미합니다. 그러므로 '에하드'는 '하나'라는 뜻입니다.

즉, '에하드'는 '빛을 너희 안에 간직하면, 그 하나를 간직하면 그것이 시작이다'라는 말을 하고 싶은 것입니다. 그래서 '첫째'라는 순서를 나타내는 '리숀'이라는 단어를 사용하지 않고, '하나'라는 뜻의 에하드를 사용했습니다.

우리 안에 빛, 그 하나를 간직함으로 하나님의 시간이 시작되었다는 것입니다. 엄청난 사건이고 은혜입니다. 우리는 이것을 위해서 살아갑니다.

그저 어두움의 상태에 있다면 어떤 의미가 있겠습니까?

공부, 돈, 명예, 자식은 아무런 의미가 없는 것들입니다. 영원한 것이 아니기 때문입니다. 우리의 삶이 의미 있으려면 우리 안에 빛을 간직해야 합니다. 생명(빛, 불)이 우리 안에 있는 것은 하나님이 내 안에 계시는 것입니다. 하나님의 임재입니다.

우리는 예수가 내 안에 계신다는 것을 명확하게 알 수 있습니다. 이것이 우리의 만족이고 기쁨이며 행복입니다. 다른 것을 가지지 못했다고 할지라도, 그 빛 하나를 우리 안에 간직했다면 전부를 가진 것입니다. 하지만, 빛이 우리 안에 존재하지 않는다면 아무것도 가지지 못한 것입니다. 그냥 어둠입니다.

하나님은 빛을 통해서 우리에게 영원한 생명을 주십니다.

제4장

둘째 날: 말씀의 근원이 존재하다

[1:6] 하나님이 이르시되 물 가운데에 궁창이 있어 물과 물로 나뉘게 하리라 하시고

וַיֹּאמֶר אֱלֹהִים יְהִי רָקִיעַ בְּתוֹךְ הַמָּיִם וִיהִי מַבְדִּיל בֵּין מַיִם לָמָיִם׃

[1:7] 하나님이 궁창을 만드사 궁창 아래의 물과 궁창 위의 물로 나뉘게 하시니 그대로 되니라

וַיַּעַשׂ אֱלֹהִים אֶת־הָרָקִיעַ וַיַּבְדֵּל בֵּין הַמַּיִם אֲשֶׁר מִתַּחַת לָרָקִיעַ וּבֵין הַמַּיִם אֲשֶׁר מֵעַל לָרָקִיעַ וַיְהִי־כֵן׃

[1:8] 하나님이 궁창을 하늘이라 부르시니라 저녁이 되고 아침이 되니 이는 둘째 날이니라

וַיִּקְרָא אֱלֹהִים לָרָקִיעַ שָׁמָיִם וַיְהִי־עֶרֶב וַיְהִי־בֹקֶר יוֹם שֵׁנִי׃

하나님은 둘째 날에 '궁창', 곧 '라키아'를 만드시는데, '라키아'(궁창)의 정체가 무엇일까요?

창세기를 하나님께서 눈에 보이는 자연 만물을 만든 이야기라고 생각한다면, '라키아'(궁창)는 땅과 하늘의 중간에 있는 대기층이라고 이해할 것입니다.

하지만, 창세기는 그런 차원의 말씀이 아닙니다. "하나님이 이르시되"로 시작하는 이 말씀은 하나님이 자기 자신을 보여주시겠다는 의미를 담고 있습니다. 창세기의 일곱 날의 창조는 하나님이 우리 안에 성전을 만드시는 과정을 보여줍니다. 하나님과 같은 존재를 우리 안에 만드는 과정입니다.

창세기는 복음의 과정을 설명하는 말씀임을 이해해야 합니다.

성전의 개념으로 첫째 날과 둘째 날을 설명해 보겠습니다. 첫째 날에 빛을 만들었다고 하는 것은 성소 안으로 들어간 것을 의미합니다. 성소 안에는 일곱 등불이 있습니다. 일곱 등불의 빛이 계속 켜진 상태가 되려면 기름이 공급되어야 하는데 이 기름은 말씀을 의미합니다. 그리고 지성소 안에는 언약궤가 있고, 언약궤 안에는 두 돌판이 있습니다. 두 돌판이 의미하는 것은 성령, 곧 말씀의 근원입니다.

'라키아'(궁창)는 언약궤를 의미합니다. 라키아(궁창)의 원래 뜻은 '넓게 펴져 있는 상태'입니다. 망치로 두드려서 넓게 펴는 것을 말합니다.

언약궤는 싯딤나무로 만듭니다. 싯딤나무는 우리의 모습처럼 가시가 많은 아까시나무입니다. 아까시나무를 잘 깎아서 금을 넓게 펴서 궤를 덮어 만든 것이 언약궤입니다.

이 언약궤, 곧 라키아(궁창)에서 나오는 말씀이 기름이 되어 우리의 마음 땅에서 타는 불이 꺼지지 않고 계속 유지되게 만듭니다.

이 말씀이 담고 있는 둘째 날의 창조를 히브리어 동사의 흐름을 가지고 설명해 드리겠습니다.

물 가운데 궁창이 있어

6절에는 '하야' 동사가 나옵니다. 하야 동사는 정말 중요한 동사로, 헬라어로는 '에이미' 동사이며, 영어로는 'be' 동사입니다. 즉, 하야 동사는 '존재하다'라는 의미의 동사입니다.

하나님의 이름인 '여호와'의 뜻도 하야 동사에서 왔습니다. '여호와'의 의미는 '그가 존재하다'입니다. 하나님께서 자신의 이름을 주시면서 '나는 스스로 존재한다, 내가 너희 안에 존재함으로 나를 드러내겠다'라고 하십니다. 이것이 하야 동사의 의미입니다.

하나님은 둘째 날에 우리 안에 지성소를 만들고 지성소 안에 말씀의 근원을 만드십니다. 이것을 설명하기 위해서 하야 동사가 먼저 나옵니다.

우리 안에 말씀의 근원, 즉 '라키아'(궁창)가 존재하게 됩니다. 이는 내 안에 성령이 임하는 것이며, 성령은 말씀의 근원인 두 돌판입니다. 성령이 임하면 우리 안에 말씀의 근원이 존재하게 됩니다. 이 말씀의 근원은 '베토크 하마임'에 존재하고 있습니다. '타베크'는 '중앙, 중심, 구심점'입니다.

무엇의 중앙일까요?

'마임', 즉 물의 중심, 구심점입니다. 라키아(궁창)는 물, 즉 말씀의 중심, 말씀의 근원입니다. '라키아'(궁창)로부터 말씀이 나옵니다.

하나님이 궁창을 만드사

7절에는 동사 '아싸'가 나옵니다. '아싸'는 '만들다, 일하다, 행하다, 노동하다'라는 뜻입니다. 하나님께서 '라키아'(궁창)를 통해서 어떤 일을 하시겠다는 것입니다.

어떻게 라키아(궁창)가 하나님의 말씀과 존재를 설명할까요?

하나님이라는 존재, 즉 말씀을 영화의 필름처럼 쫙 펼쳐 놓았다고 생각해 보십시오. 하나님이라는 존재를 우리에게 보여주기 위해서 이렇게 펼쳐 놓은 것입니다. 영화감독이나 작가가 전하고 싶은 메시지를 영화에 담는 것을 생각해 봅시다. 먼저 컷 하나하나를 찍어서 필름을 만듭니다. 영사기를 통해서 장면들이 담긴 필름으로 화면을 띄웁니다. 이때 빛을 쏘면 빛의 반사와 굴절 때문에 필름에 있는 상이 스크린에 맺히게 됩니다.

이와 마찬가지로 하나님의 말씀이 필름처럼 펼쳐지는 것이 '라키아'(궁창)입니다.

첫째 날에 우리 안에 만들어진 빛을 통해 필름들이 색, 입체감, 움직임을 입게 됩니다. 하나님의 말씀이 빛을 통과했을 때, 살아 움직이는 것처럼 우리에게 다가옵니다. 이것을 경험해 본 분이 있을 것입니다. 하나님이 우리 안에서 마치 살아 움직이는 것처럼 느껴집니다. 하나님이 이렇게 자신을 보여주시는 것입니다.

빛에 대해서 좀 더 생각해 봅시다. 자연 세계에서 빛은 색과 공간, 시간을 만듭니다. 빛의 파장은 색을 만듭니다. 나무를 녹색으로 보고 하늘을 파란색으로 보게 합니다. 또 빛은 공간을 만들고 시간을 만듭니다. 시간과 공간은 밖에 존재하는 절대적인 개념이 아니라 우리 안에 존재하는 개념입니다. 우리는 시간과 공간을 통해 세상을 인식하고, 공간이라는 개념을 통해서 바깥의 자연을 입체적으로 인식합니다. 입체감이 있는 움직임이 시간입니다.

정리하면, 시공간의 개념이 우리 안에 있으므로, 내가 세상을 보고 인식하게 됩니다. 빛이 이렇게 만듭니다. 결국, 빛이 존재하므로 바깥의 세상을 살아 움직이는 상태로 볼 수 있는 것입니다.

영적인 세계의 빛도 자연 세계에서와 마찬가지입니다. 빛을 통해서 하나님의 존재, 즉 말씀을 살아 움직이는 것처럼 볼 수 있습니다. 이것이 동사 '아싸', 곧 하나님의 일입니다.

창세기 첫째 날과 둘째 날을 통해서 하나님의 일이 이루어질 것입니다. 빛과 말씀의 근원을 만들어서, 우리로 하여금 하나님이라는 존재를 보고 인식하게 하실 것입니다.

궁창 아래의 물과 궁창 위의 물로 나뉘게 하시니

동사 '바달'이 나옵니다. '바달'은 '뭔가를 나눈다'라는 뜻입니다. 7절에서 "윗물과 아랫물을 나눈다"라고 할 때 쓰인 동사입니다.

그런데 윗물과 아랫물에서 '위, 아래'는 방향의 개념이 아닙니다. 위는 하늘(하나님)을 향하고, 아래는 땅을 향합니다. 윗물은 하나님에게서 나오는 말씀으로, 하늘에 존재합니다. 아랫물은 땅에 존재합니다.

우리 안에 말씀의 근원이 만들어지기 전까지 모든 물은 아랫물이었습니다. 아랫물이 우리의 마음 땅을 덮고 있는 상태지만, 우리 안에 생수의 근원이 만들어집니다. 그러면 밖에 있는 물은 자동으로 아랫물이 되는 것입니다. 이렇게 하나님께서 윗물과 아랫물을 '바달'(나누다)하십니다.

우리 안에 윗물이 존재하고, 윗물을 통해 하나님을 인식하게 되었을 때 아랫물이 무엇인지 알게 됩니다. 율법이 무엇인지 알게 된다는 뜻입니다. 이는 내가 율법의 체계 가운데 있음을 알게 된다는 뜻이며, 나의 옛 의식의 정체가 무엇인지 알게 됨을 의미합니다.

옛 의식을 용이라고도 하고, 땅의 짐승과 바다 짐승의 상태라고도 하고, 666이라고도 합니다. 이런 우리 겉사람의 상태를 깨닫기 위해서는 우리 안에 윗물이 존재해야 합니다. 이것이 진짜 본질입니다.

창세기 첫째 날과 둘째 날은 성경이 말하는 본질이 무엇인지 설명합니다. 첫째 날엔 빛(불)이 만들어집니다. 불은 '쉰'(ש)입니다. 둘째 날에는 말씀의 근원이 만들어집니다. 말씀은 '멤'(מ)입니다. '쉰'과 멤이 합쳐지면 '쉠'(שם), 이름입니다. 바로 '본질'입니다. 불과 말씀, 즉 '쉠'(이름)을 통해서 하나님께서 우리에게 자신을 보여주시는 것입니다.

그대로 되니라

이어서 하야 동사가 나오는데, 동사 '예히 켄'이 나옵니다. '켄'은 '확실하다, 확고하다'라는 뜻입니다. 우리 안에 라키아(궁창)가 존재하고 있음이 확실하다는 것입니다.

신앙생활은 추상적이거나 관념적인 것이 아닌 실제입니다. 하나님께서는 우리 안에 진짜 '쉠'(이름)이 있음을 보라고 하십니다. 우리 마음 땅에 진짜 불이 타고 있는 것이 정말 확실한지 보라고 하십니다.

믿음의 길을 간다는 것은 첫째 날을 거쳐 둘째, 셋째, 넷째 날이 될수록, 곧 시간이 갈수록 하나님이라는 존재와 그 말씀이 내 안에 계심이 확실해지고 명확해지는 것을 의미합니다. 예수 그리스도가 내 안에 존재하고 계심을 모를 수 없습니다. 너무나 분명하고 확실하기 때문입니다.

하나님께서 이것을 깨달으라고 우리에게 '쉠'(이름)을 주시는 것입니다. 쉠(이름)이 없으면 아무리 말씀을 깨달았다고 하더라도, 혼돈하고 공허한 어두움의 상태일 수밖에 없습니다. 실체, 본질이 내 안에 존재하지 않기 때문입니다.

　기독교는 깨달음의 종교가 아닙니다. 기독교는 실재하는 것을 말합니다. 매 순간 내 안에 실재하는 하나님을 느끼고 경험하는 것입니다.

궁창을 하늘이라 부르시니라

　8절에는 동사 '카라'가 나옵니다. '카라'는 '부르다'라는 뜻입니다. 하나님께서 '라키아'(궁창)를 '샤마임'(하늘)이라고 부르십니다.

　하나님의 말씀을 통해서 하나님의 영역을 만들어가는 상태를 '샤마임'(하늘)이라고 합니다. 그래서 '샤마임'(하늘)은 하나님의 영역입니다. 단순히 '라키아'(궁창)를 '샤마임'(하늘)이라고 이름을 짓는 것이 아니라, 라키아(궁창)를 샤마임(하늘)이라고 선포하고 규정하시는 것입니다.

　우리 안에 하나님의 영역이 존재하고 있으며 그 영역은 '샤마임'(하늘)이라고 선포하시는 것입니다.

저녁이 되고 아침이 되니 이는 둘째 날이니라

저녁이 되고 아침이 된다는 말씀은 우리 안에서 겉사람의 껍질을 벗는 것을 의미합니다.

저녁, '에레브'는 우리의 옛 의식이 사라지고 없어지는 것입니다. 그리고 아침, '보케르'가 옵니다. '보케르'(아침)는 하나님의 존재를 발견하고 찾고 경험하게 되는 것입니다.

여섯째 날에 '자카르'와 '네케바'의 연합인 아담이 만들어질 때까지 우리는 낮과 밤을 동시에 살게 됩니다. 창세기 첫째 날부터 여섯째 날까지 낮과 밤을 동시에 삽니다. 우리 속사람은 첫째, 둘째, 셋째 날을 살고 우리 겉사람은 넷째, 다섯째, 여섯째 날을 삽니다.

요한계시록 21장에서 '밤', 곧 '라일라'라는 시간이 없어지는데, 이는 나의 의식을 휘감고 있는 옛 의식, 율법의 체계와 질서가 다 없어지고 깨어진다는 뜻입니다.

그러면 하나님의 의식이 나를 지배하게 됩니다. 하나님의 의식이 나의 마음을 만들고 그 마음에 의해서 느끼고 생각하며 모든 의미를 만들어 냅니다. 하나님의 의식으로 말씀과 하나님의 의미뿐만 아니라 내가 살아가는 의미까지 만들어 냅니다. 그렇지 않으면, 우리는 보이는 것에 의미를 둔 삶을 살아갈 수밖에 없습니다.

하나님의 의식이 내 마음과 생각을 점령했을 때, 이 땅을 사는 이유가 분명해집니다. 왜 이 땅에 왔으며, 무엇을 위해 사는지의 의미가 더 명확하고 분명해진다는 뜻입니다.

"저녁이 되고 아침이 되니 둘째 날이니라", "저녁이 되고 아침이 되니 셋째 날이니라", 하나님은 이렇게 우리를 아담으로 만들어 가십니다.

온유한 자는 복이 있나니

창세기 일곱 날은 팔복 그리고 일곱 절기와 연관 지을 수 있습니다.

팔복 중 첫 번째 복인 "심령이 가난한 자는 복이 있나니 천국이 그들의 것임이요"(마 5:3)는 "태초에 하나님이 천지를 창조하시니라"(창 1:1)와 같습니다. 그리고 그다음에 나오는 7가지의 복은 일곱 날의 창조와 같습니다. 첫째 날은 "애통하는 자는 복이 있나니 저희가 위로를 받을 것이며"(마 5:4)와 같고, 둘째 날은 "온유한 자는 복이 있나니 그들이 땅을 기업으로 받을 것임이요"(마 5:5)와 같습니다.

여기서 '온유'는 무엇일까요?

온유는 성품에 관한 것이 아닙니다. 창세기 둘째 날을 이해해야 '온유'가 무엇인지 알 수 있습니다. 온유는 하나님이 '라키아'를 통해서 일하심을 의미합니다. 하나님은 만물을 통해서 우리에게 하나님의 말씀인 윗물을 보여주십니다. 라키아(궁창), 곧 필름에 예수의 빛을 비추어서 하나님의 상을 만들고 우리는 그것을 본다는 뜻입니다. 이것을 경험하는 상태를 온유라고 합니다.

온유한 자는 땅을 기업으로 받게 되는데, 땅은 눈에 보이는 땅이 아니라 셋째 날에 만들어지는 '씨 가진 열매'입니다. 씨 가진 열매는 마른 땅에서 만들어 집니다. 마른 땅은 '얍바샤'로, '뭍'이라고 번역했습니다.

땅은 우리의 마음을 뜻합니다. 원래 우리의 마음 땅은 아랫물에 의해서 덮여 있는 상태입니다. 우리의 옛 의식이 우리를 덮고 있다는 뜻입니다. 하나님께서 아랫물을 없애고 '뭍'을 만드시는데, 뭍이 드러나야 셋째 날의 결과물인 씨 가진 열매가 만들어지기 때문입니다.

이 '씨 가진 열매'는 하나님께서 우리에게 주시려는 땅, 곧 기업입니다. 하나님은 "내가 너희의 마음 땅을 나의 땅으로 만들 거야. 나의 기업으로 만들 거야"라고 말씀하시는 것입니다.

무교절

일곱 절기 중 첫 번째 절기는 '유월절'이고 두 번째 절기는 '무교절'입니다. '무교절'에는 반드시 무교병을 먹어야 하는데 무교병은 누룩이 들어가지 않은 빵입니다.

그렇다면 무교병이 의미하는 바가 무엇일까요?

창세기 둘째 날의 윗물입니다. 누룩이 들어 있는 유교병은 아랫물, 즉 율법입니다. 무교절에는 반드시 '무교병'을 먹어야 하듯, 창세기 둘째 날에는 반드시 윗물을 먹어야 합니다. 반드시 내 안에 있는 양식, 말씀을 먹어야 한다는 뜻입니다.

하나님은 '라키아'(궁창)를 통해서 우리에게 진짜 양식을 주려고 하시는 것입니다. 궁창에서 나오는 말씀을 통해서만 하나님을 알고 경험하며 이해할 수 있기 때문입니다.

우리는 스스로를 점검하고 생각해 보아야 합니다. 첫째 날의 빛이 내 안에 존재하고 있는지, 둘째 날의 생수의 근원이 존재하고 있는지, 그리고 이 생수의 근원을 통해 나오는 말씀이 빛을 통해서 하나님을 비추고 있는지 생각해 보아야 합니다.

창세기의 첫째 날과 둘째 날은 본질이 무엇인지 설명합니다. 모든 분의 마음 안에서 첫째 날이 시작되어 빛을 간직하고 둘째 날의 말씀의 근원을 간직해서 하나님을 보고 경험할 수 있기를 소원합니다.

제5장

셋째 날[1]: 죄를 드러내다

> [1:9] 하나님이 이르시되 천하의 물이 한 곳으로 모이고 뭍이 드러나라 하시니 그대로 되니라
>
> וַיֹּאמֶר אֱלֹהִים יִקָּווּ הַמַּיִם מִתַּחַת הַשָּׁמַיִם אֶל־מָקוֹם אֶחָד וְתֵרָאֶה הַיַּבָּשָׁה וַיְהִי־כֵן׃
>
> [1:10] 하나님이 뭍을 땅이라 부르시고 모인 물을 바다라 부르시니 하나님이 보시기에 좋았더라
>
> וַיִּקְרָא אֱלֹהִים לַיַּבָּשָׁה אֶרֶץ וּלְמִקְוֵה הַמַּיִם קָרָא יַמִּים וַיַּרְא אֱלֹהִים כִּי־טוֹב׃

창세기 셋째 날입니다. 그 전에 첫째 날과 둘째 날에 대해서 정리해 봅시다. 창세기 첫째 날에는 '빛'이 만들어지고, 둘째 날에는 '궁창'이 만들어집니다. 이때 '궁창'은 '지성소에 있는 언약궤'이며 언

약궤는 말씀의 근원입니다. 궁창에서부터 말씀이 나옵니다. 첫째 날과 둘째 날을 통해서 우리 안에 빛(불, 생명)이 만들어진 후에 생수의 근원이 만들어지는 것입니다. 생수는 말씀입니다.

말씀이 우리 안에 기름 부음으로 임하는 것, 그것이 복음의 본질입니다. 첫째 날과 둘째 날, 빛과 말씀입니다. 성소 안에 등불이 만들어지고 등불에 기름이 부어져서 그 불이 꺼지지 않고 계속 타오르게 됩니다. 성경은 이것을 '쉠'(שם), 곧 이름이라고 합니다.

'쉠'(이름)은 '쉰'(ש)과 '멤'(ם)의 두 자음으로 만들어진 단어입니다. '쉰'은 빛, '멤'은 말씀입니다. 즉, 우리 안에 빛과 말씀이 존재하는 상태가 우리 안에 예수 그리스도의 이름이 간직된 상태입니다. 다른 말로 하면, 우리 안에 예수 그리스도께서 계신다고 할 수 있습니다. '예수'라는 본질은 빛이고 불입니다. 우리는 그 불을 보고 알고 경험하는 것입니다. 그래서 예수께서 이렇게 말씀하십니다.

> 내가 불을 땅에 던지러 왔노니 이 불이 이미 붙었으면 내가 무엇을 원하리요(눅 12:49).

'그리스도'는 '마시아흐', 즉 '기름 부음'라는 의미입니다. 반석(언약궤)에서 나오는 생수의 말씀이 기름 부음으로 임하게 되면, 예수께서 우리 안에 던진 불이 꺼지지 않고 계속 타오르게 됩니다. 우리 안에 예수 그리스도께서 존재한다는 뜻입니다.

구약에서는 이것을 '여호와 엘로힘'으로 설명합니다. 히브리어 단어 '여호와'는 'י, ה, ו, ה'의 네 개의 자음으로 이루어져 있습니다.

'여호와'는 '하야' 동사에서 유래하였는데, '하야'는 '-이다, 있다, 되다, 존재하다'라는 의미입니다.

무엇이 있고, 존재하는 것일까요?

구약성경은 '무엇'을 설명하지 않지만, 신약성경은 '무엇'을 분명하게 설명합니다. '무엇'은 '예수'입니다. 예수가 존재해야 합니다. 빛이 존재해야 합니다. 불이 존재해야 합니다. 내 안에 예수 그리스도라는 빛(불)과 말씀을 간직해야만 내 안에 예수 그리스도가 존재한다고 말할 수 있는 것입니다. 이것이 창세기 첫째 날과 둘째 날의 의미입니다. 이것이 믿음의 본질입니다.

천하의 물이 한 곳으로 모이고

이제 창세기 셋째 날을 이야기해 봅시다. 창세기 셋째 날은 첫째 날과 둘째 날에 만들어진 것에 의해 내 상태가 어떻게 바뀌는지 보여줍니다. 즉, 셋째 날은 우리 안에 간직한 예수(빛) 그리스도(궁창)를 통해 우리 안의 속사람이 어떻게 만들어지는지 보여줍니다.

셋째 날에는 '하늘 아래 물'이 만들어집니다. 하늘 아래 물은 '아랫물'입니다. 둘째 날에 궁창이 만들어짐으로 우리 안에 언약궤, 즉 말씀의 근원이 만들어진다고 했습니다. 말씀의 근원에서 윗물이 나오고, 우리 바깥에 있는 모든 말씀이 아랫물이 됩니다.

'아랫물', 즉 '하늘 아래 물'은 어딘가를 향해 모이게 됩니다.

'엘 마콤 에하드'에서 '엘'은 전치사로 '-을 향하여'입니다. '마콤'은 '장소'입니다. '에하드'는 '하나'입니다. 그러니까 '하늘 아래 물'은 어느 한 장소를 향해 모인다는 말입니다.

아랫물이 한곳으로 모인다는 것이 어떤 의미일까요?

이 말씀을 좀 더 쉽게 이해하기 위해서 다음의 구절을 봅시다.

> 내 형제들아 너희가 여러 가지 시험을 당하거든 온전히 기쁘게 여기라 (약 1:2).

여기서 '시험'이란 어떤 의미일까요?

'시험'에는 두 종류가 있습니다. '페이라조'와 '도끼마조'입니다. '페이라조'는 무언가를 무너뜨리고 망하게 하는 시험이며, '도끼마조'는 무언가를 확증하기 위한 시험입니다. 시험을 통해서 무엇을 조사하고 알아보는 것입니다.

그런데 이 구절에서 '시험'은 '페이라조'입니다. 우리 안에 옛 의식이 존재하기 때문에 '페이라조'의 시험을 받을 수밖에 없습니다. '페이라조'의 시험은 우리의 옛 의식이 만들어 놓은 겉사람을 넘어뜨리기 위한 시험입니다. 예수께서 받으셨던 시험도 '페이라조'의 시험입니다.

예수께서 받으셨던 시험의 세 가지의 내용이 무엇일까요?

첫째, 양식의 시험입니다. 내가 지금 무엇으로 양식을 삼고 있느냐의 문제입니다. '돌'을 양식으로 삼는다는 것은, 보이는 것을 양식으로 삼는 것, 예수라는 존재를 표면적으로, 껍데기로 보는 것입니다. 표면적인 말씀이 우리의 양식이 되면 그것으로 살 수밖에 없습니다.

둘째, 첫 번째 시험의 결과물은 두 번째 시험이 될 수밖에 없습니다. 보이는 것을 따라 걸을 수밖에 없는 것입니다.

셋째, 복종에 관한 시험입니다. 엎드리고 절하고 굴복하는 것입니다. 보이는 것에 의해서 살아갈 수밖에 없다는 것입니다.

그것이 예수님이 받으신 '뻬이라조'의 시험입니다. 우리 안에 겉사람이 존재하고 있다면 이 세 가지의 시험이 우리에게 끊임없이 있을 수밖에 없다는 것입니다. 우리의 겉사람이 죽어야 이 시험이 없어지는 것입니다.

그런데 야고보서 1장 2절은 "너희가 여러 가지 시험을 만나거든 온전히 기쁘게 여기라"고 합니다. 그 이유는 다음 구절에 나옵니다.

> 이는 너희 믿음의 시련이 인내를 만들어 내는 줄 너희가 앎이라 (약 1:3).

여기서 '시련'으로 번역된 단어는 '도끼마조'입니다. 확증을 위한 시험이며, 믿음을 통한 확증입니다. 하나님께서는 '뻬이라조'의 시험을 '도끼마조'의 시험으로 바꾸시는 것입니다.

무엇이 그렇게 바꾸게 하는 걸까요?

믿음입니다. 그래서 믿음의 시련으로 번역되어 있지만 믿음의 확증입니다.

우리 안에 믿음이 존재한다는 말의 의미는 무엇일까요?

창세기 첫째 날과 둘째 날입니다. 이름, 즉 '쉠'이 내 안에 존재하고 있을 때 믿음이 존재한다고 말할 수 있습니다. 이 믿음의 핵심, '쉠'은 예수 그리스도입니다.

그러므로 우리가 믿음에 대해서 나의 믿음이라고 생각하지만, 그것이 아닙니다. 내가 믿는 게 아닙니다. 예수 그리스도의 믿음으로 내가 사는 것입니다. 예수 그리스도라는 믿음이 내 안에 존재하고 있을 때 '뻬이라조'의 시험이 '도끼마조'의 시험으로 바뀌게 되는 것입니다.

'도끼마조'의 시험은 내 안에 믿음이 있음을 확증하는 것입니다. 내 안에 예수 그리스도가 계심을 보게 되고, 우리 안에 옛 의식이 만든 체계가 여전히 존재하고 있음을 보는 것입니다. 그 체계가 율법인데, 이것은 쉽게 무너지지 않습니다. 무너졌다고, 없어졌다고 우리가 착각할 뿐입니다.

결국, 이 옛 의식이 죽어야 합니다. 그런데 이때 믿음의 시련이 인내를 만들어 낸다고 합니다.

인내가 무엇인가요?

'도끼마조'의 시험, 확증을 받는 모든 과정이 인내입니다.

우리가 이 말씀을 오해하면 이렇게 잘못 생각할 수 있습니다.

> 너희가 예수를 믿기 때문에 여러 가지 시험을 받게 될 거야. 너희를 공격할 거야. 세상이 너희를 예수 못 믿게 하려고 공격할 건데 너희가 그 시련을 잘 인내해야 해. 인내하고 버티면 좋은 게 올 거야. 너희를 내가 부족함 없이 만들 거고, 너에게 생명의 면류관을 줄 거야.

하지만, 그런 내용이 아닙니다. 성경은 내 의지로 어려움을 견뎌내는 것을 '인내'라고 말하지 않습니다. 억지로 참는 것을 인내라고 말하는 게 아닙니다.

믿음이 내 안에 존재하고 있으므로, 그 믿음을 확증, 곧 '도끼마조'하는 것을 '인내'라고 합니다. 내가 나의 겉사람을 계속 보고 있는 것, 옛 의식의 정체가 드러나고 검증하고 확증하는 모든 과정을 '인내'라고 합니다.

'인내'는 '아뽀메노'(απομενω)입니다. '아뽀'의 의미는 '-에 의해서'입니다. '메노'는 '머물다, 거주하다'입니다. 즉, 믿음에 의해서 거주하고 살아가는 것입니다.

예수 그리스도에 의해서 살아가는 것이 우리의 믿음이 되는 것입니다. 이 믿음에 의해서 내가 모든 것을 참고 견디는 것입니다.

믿음을 유지하는 것, 이 믿음의 길을 걸어가는 것은 결코 쉬운 일이 아닙니다. 모든 편견과 싸워야 하기 때문입니다. 사람들이 당연하다고 생각하는 것들을 아니라고 말할 수 있어야 하기 때문입니다.

코페르니쿠스가 지동설을 주장했습니다. 그렇지만 많은 사람에게 상식은 천동설이었기에, 상식에 반하는 진리, "지구가 태양을 돌고 있다"라는 것을 말하기 쉽지 않습니다.

  신앙생활도 동일합니다. 옛 의식의 체계(율법)가 만들어 놓은 겉 사람이라는 편견과 싸워야 합니다. 잘 깨어지지 않습니다. 그래서 인내하는 과정이 필요합니다.

  시험에 대해서 생각해 봅시다. 학교에서도 시험을 봅니다. 실력이 없는 사람에게 시험은 고통이고 스트레스입니다. 하지만, 실력이 있는 사람에게 시험은 실력을 확증하는 도구입니다. 내 안에 실력이 있음을 시험이 확증해 주는 것입니다. 또 시험은 모르는 것을 깨닫게도 해주는데, '도끼마조'의 시험도 마찬가지입니다. 내 안에 예수 그리스도가 있음을 확증합니다.

> 내 안에 정말 예수가 계시네. 내 안에 진짜 믿음이 존재하고 있네. 내 안에 정말 불이 타오르고 있구나. 그리고 내 안에 말씀이 기름 부음으로 임하고 있구나.

  그것을 확증해야 합니다.

  내 안에 옛 의식의 체계, 옛 질서가 존재하고 있음을 깨닫게 됩니다. 그래서 예수 그리스도의 생명이 있는 사람들에게는 이 모든 과정이 인내의 시간들이며, 그 인내 안에 기쁨과 만족, 행복, 즐거움이 있는 것입니다.

  그래서 야고보는 "시험을 당하거든 온전히 기뻐하라"고 말씀한 것입니다. 그 시험을 통해 하나님께서 우리의 믿음을 완성할 것이므로 기뻐하라는 것입니다. 또한, 이렇게 말씀합니다.

> 인내를 온전히 이루라 이는 너희로 온전하고 구비하여 조금도 부족함이 없게 하려 함이라 (약 1:4).

하나님께서 인내를 통해서 조금도 부족함이 없게 만드신다고 합니다. '부족함이 없다'라는 것은 하나님과 온전히 연합된 존재로 만들어 가신다는 것입니다. 이것을 뒤에서 다시 설명합니다.

> 시험을 참는 자는 복이 있나니 이는 시련을 견디어 낸 자가 주께서 자기를 사랑하는 자들에게 약속하신 생명의 면류관을 얻을 것이기 때문이라 (약 1:12).

시험을 참는 자는 복이 있다고 합니다. 시련을 통해서 '뻬이라조'의 시험이 '도끼마조'의 시험으로 바뀐다는 것입니다.
그런데 성경은 이렇게 말씀합니다.

> …친히 아무도 시험하지 아니하시느니라 (약 1:13).

하나님께서는 아무도 시험하지 않는다고 합니다.
그러면 무엇이 시험을 만들까요?

> 오직 각 사람이 시험을 받는 것은 자기 욕심에 끌려 미혹됨이니 (약 1:14).

자기의 욕심이 시험을 만듭니다.

무엇이 욕심일까요?

우리의 옛 의식의 체계(율법)가 욕심입니다. 옛 의식이 존재하기 때문에, '뻬이라조'의 시험을 받게 되는 것입니다. 그래서 야고보는 이렇게 결론 내립니다.

> 욕심이 잉태한즉 죄를 낳고 죄가 장성한즉 사망을 낳느니라 (약 1:15).

앞의 내용을 이해했다면 이 구절의 의미를 알 수 있습니다.

> 너희 안에 욕심이 있지. 그 욕심이 너희 안에 무엇을 만들 거냐면 죄라는 것을 만들 거야. 근데 그 죄가 계속 자라게 되어서, 결국 너희를 죽게 할 거야. 너희를 사망으로 인도할 거야. 너희를 지옥 가게 할 거야.

이렇게 생각한다면 앞의 내용을 제대로 이해하지 못한 것입니다. 하지만, 앞의 내용이 무슨 뜻인지 이해했다면 야고보서 1장 15절의 뜻도 알 수 있습니다.

> 너희에게 옛 사람이 존재하고 있으므로 시험이 계속 있을 것인데 내가 너희 안에 믿음을 주어서, '뻬이라조'의 시험을 '도끼마조'의 시험으로 바꿀 거야. 그리고 너희를 온전한 사람으로 만들 거야. 옛 의식을 다 없 앨 거야.

야고보서 1장 15절에서 '욕심'은 옛 의식입니다. 옛 의식은 마음을 만들고, 그 마음에서 감정, 느낌, 생각이 나오고 의미를 만들게 됩니다.

그렇다면 죄는 무엇일까요?

옛 의식 체계 자체입니다. 느낌과 감정에 의해서 하나님을 인식하는 것, 그것을 믿음이라고 착각하는 것입니다.

내가 하나님을 사랑한다는 것을 무엇을 통해서 알 수 있을까요? 어떤 감정이 들면, 하나님을 사랑한다고 할 수 있는 것인가요? 십자가를 보면서 눈물을 흘리면, 그 십자가가 내 안에 존재하며 내가 예수와 함께 십자가에서 죽은 것일까요?

아닙니다. 그렇지 않습니다. 찬양 집회에서 눈물을 흘리며 기도하고 두 손을 들고 기도한다고 해서 하나님을 사랑하는 것이 아닙니다. 영적 체험을 했다고 해서 인격적으로 하나님을 만난 것이거나 거듭난 것이 아닙니다.

믿음은 그런 것이 아닙니다. 진짜 예수가 내 안에 존재하고 있으면, 믿음은 일회적인 어떠한 체험이 아니라, 확신을 줍니다. 그래서 주님께서 내 안에 계심을 매일 더 확실하고 분명하게 알 수 있게 되고, 말씀을 통해서 주님이 내 안에 계심을 확증하고 검증하는 것입니다. 절대로 속으면 안 됩니다.

내가 열심히 예배 참석하고 봉사하고 헌금하고 선교했기 때문에 내 안에 믿음이 있는 거야.

이런 식으로 행위에 의미를 부여하지 마십시오. 그 행위를 통해 내가 믿음이 있다고 생각하지 마십시오. 우리의 착각일 수 있습니다. 내 생각도, 감정도, 느낌도, 겉사람이 만들어 놓은 의식일 수 있습니다.

신앙생활은 행위나 지식에 의해서 만들어지는 결과물이 아니라, 분명하고 확실한 것입니다. 하나님에 의해 만들어지는 마음이 우리의 느낌과 감정과 생각을 만들 때, 그 모든 것이 의미가 있는 것이며 그것이 믿음이자 신앙생활입니다. 우리의 의식이 하나님의 의식이 되는 것, 그것이 믿음의 길을 가는 것입니다.

다시 돌아와서, 성경은 옛 의식이 만들어 놓은 감정, 느낌, 생각을 '죄'라고 합니다. '죄'가 있는 한, '뻬이라조'의 시험이 존재합니다. 그런데 하나님이 죄를 드러내시고 확증으로 만드시는 것입니다. 죄를 드러내고 죄를 죄 되게 하는 것이 '도끼마조'의 시험입니다.

그리하여 우리가 '타나또스'의 죽음에 이르게 됩니다. 우리 의식의 죽음, 곧 우리 겉사람의 죽음입니다. 하나님께서 그렇게 만드실 것이라는 말입니다.

너희가 계속 이 세상에 존재하고 있으면, 율법 가운데 있으면 '뻬이라조'의 시험을 계속 받을 수밖에 없어. 그 시험이 너에게 계속 존재할 거야. 그것의 노예로 살 수밖에 없어. 그런데 내가 너희를 거기서 구해낼 거야. 죄를 보게 해서 그 죄에서 나오게 만들어서 너희를 죽음으로 인도할 거야.

어떠한 죽음입니까?

진리의 죽음입니다. 옛 의식의 죽음입니다. 이것을 이해했다면 오늘 말씀도 동일합니다.

오늘 말씀에서 '하늘 아래의 물'은 아랫물입니다. 하나님께서 그 물을 모으십니다. '모은다'라는 말은 '드러낸다'리는 의미입니다. 모은다는 것은 '도끼마조'의 시험입니다. 아랫물을 통해서 우리 옛사람의 의식을 보여주셔서 알게 하십니다. 아랫물을 통해서 윗물이 존재함을 보여주시는 것입니다.

그래서 그 물이 모이는 것입니다. 이때 '모이다'는 히브리어로 '카바'라는 단어를 사용하며 '카바'에는 '모이다'는 뜻 외에도 '기대하다, 소망하다, 바라다'의 뜻이 있습니다.

'하늘 아래의 물'은 한 장소, 타나또스의 죽음, 즉 겉사람의 죽음을 향해 모이게 됩니다. 곧, 아랫물을 통해서 윗물을 기대하게 하는 것, 본질을 소망하게 되는 것, 우리 겉사람의 죽음을 바라게 되는 것입니다.

뭍이 드러나라 하시니

아랫물이 모일수록, '도끼마조'의 시험이 일어날수록 우리 안에 마른 땅이 만들어집니다.

원래는 아랫물, 즉 옛 의식이 우리의 마음 땅을 덮고 있었습니다. 그런데 아랫물을 모으고 한 곳으로 보내는 과정을 통해서 우리 안에 '뭍'이 만들어집니다. 하나님의 의식을 통해 우리 안에 진짜 마음이 만들어지는 것입니다. 이제 마른 땅, '뭍'에는 아랫물이 존재하지 않습니다. 옛 의식이 존재하지 않습니다.

'뭍'은 '얍바샤'입니다. 이 '얍바샤'는 이스라엘 백성들이 홍해를 건너고 요단강을 건널 때 사용된 단어입니다.

홍해를 마른 땅으로 건너고 요단강을 마른 땅으로 건넙니다. 출애굽은 우리 안에서 아랫물을 없애는 것, '뭍'이 드러나는 것입니다.

> 내가 너희 안에 율법이라고 하는 이 아랫물을, 이 바다를 없애 버릴 거야.

이 과정이 광야입니다.

또 요단강을 '얍바샤'로 걷는다는 것은 밖에 있는 모든 말씀까지 하나님께서 없애겠다는 것입니다.

부활하신 예수의 말씀도, 지금 제가 전하는 말씀도 밖에 있는 말씀이므로 아랫물입니다. 누군가를 통해 전해진 물, 말씀은 마중물이

지만, 그 마중물을 통해 우리 안에 있는 윗물을 끌어올려야 합니다.

우리가 먹어야 할 양식은 윗물입니다. 끌어올려지는 윗물이 하나님이 우리에게 주시는 양식입니다. 어느 순간까지는 아랫물을 먹지만, 요단강을 건넌후에는 우리 안의 양식을 먹는 것입니다.

그것이 금식입니다. '만나'가 그치게 되는 것입니다. '만나'는 밖에 존재하는 말씀입니다. '만나'를 통해 광야를 살지만, 요단강을 건너면 우리 안에 있는 양식을 먹게 됩니다. 가나안 땅의 소산을 먹게 되는 것입니다. 요단강을 건너면서부터가 시작입니다.

그래서 하나님께서는 요단강을 '얍바샤'로 건너게 하십니다. 밖에서 들리는 말씀과 안에서 나오는 말씀. 이 모든 양식이 우리에게 열망을 줍니다. 그래서 말씀을 들으라고, 말씀을 묵상하라고 하는 것입니다. 말씀이 없으면 열망이 생기지 않기 때문입니다.

그러므로 우리가 이 땅을 살면서 반드시 해야 할 일은 말씀의 양식을 먹는 것입니다. 거기에 열심을 내야 합니다. 그것만이 전부이기 때문입니다. 그 양식이 아니면 내가 살 수 없기 때문입니다. 오늘 하루를 살 수 없기 때문입니다. 그게 아니면 믿음의 길을 갈 수 없습니다.

뭍을 땅이라 모인 물을 바다라 부르시니

그렇게 해서 '뭍'이 드러나게 됩니다. 하나님은 드러난 이 '뭍', '얍바샤'를 땅이라고 말씀하시는데, 땅은 '에레쯔'로 '확고하다'라는 뜻입니다. 우리 안의 믿음이 확고해지는 상태가 '에레쯔'입니다. 하나님께서 우리 안에 마음을 만드십니다.

그리고 모인 물을 히브리어로 '얌', 곧 '바다'라고 말씀하십니다. '모인'의 히브리어는 '미크베'라는 단어로 '기대, 희망, 소망, 모임'이라는 의미입니다. 아랫물이지만 말씀을 깨닫게 되면, 이 말씀은 내가 하나님을 기대하게 만듭니다. 하나님과 하나되는 것, 하나님과 연합되는 것, 하나님의 시간을 사는 것을 기대하게 만듭니다.

그 기대가 우리의 소망이며 우리가 이 땅을 살아갈 이유입니다. 보이는 것, 물질은 우리에게 만족을 주지 못합니다. 자식, 건강은 우리에게 만족을 주지 못합니다. 우리는 그것을 위해서 사는 것이 아니기 때문입니다.

우리는 하나님을 원하고 하나님을 소망하며 살아가는 존재입니다. 아내가 남편을 원하듯이 그리스도를 원합니다. 그리스도와 연합된 존재, 여섯째 날의 아담을 원합니다. 여자인 우리가 그리스도와 연합된 존재인 아담이 되는 것을 원합니다. 그 소망이 없으면 이 땅을 살아갈 이유가 없기 때문입니다.

보시기에 좋았더라

말씀 마지막에 하나님께서 이렇게 말씀하십니다. '좋았더라', '키 토브'입니다.

둘째 날에는 '키 토브'가 안 쓰이지만 첫째, 셋째, 넷째, 다섯째, 여섯째 날에는 하나님께서 '좋았더라'고 말씀하십니다.

무엇이 좋은 것일까요?

우리 안에 하나님의 존재가 드러나고 확증되는 것, 우리 옛 사람의 정체가 무엇인지 드러나는 것, 그것을 좋았더라고 말씀하십니다.

둘째 날은 '좋았더라'고 말씀하지 않으시고, 셋째 날에는 둘째 날 만들어진 궁창을 통해서 하나님께서 우리를 어떻게 만들어가는지, 그 과정을 보여주십니다. 하나님께서 '죄'를 드러내시는 것입니다. 죄(옛 의식의 체계)의 정체를 드러내십니다.

우리는 꼭 생각해 봐야 합니다. 내가 어떤 의식으로 살고 있는지, 어떤 질서와 체계 안에서 살고 있는지 … 그렇지 않으면 우리는 속고 살 수도 있습니다. 오해할 수 있습니다. 내 마음이, 내 생각이, 내 감정이, 느낌의 정체가 무엇인지 분명하게 보셔야 합니다. 그렇지 않으면 그것이 만들어 놓은 의미에 매여 살아갈 수밖에 없습니다. '뻬이라조'의 시험에 있을 수밖에 없습니다.

나는 어떤 마음을 가지고 이 땅을 살아가고 있는지 말씀을 통해서 확증해 보시기 바랍니다. 그것을 볼 수 있는 우리가 되기를 간절히 소원합니다.

제6장

셋째 날[2]: 씨를 전하기 위해 열매를 만들다

[1:11] 하나님이 이르시되 땅은 풀과 씨 맺는 채소와 각기 종류대로 씨 가진 열매 맺는 나무를 내라 하시니 그대로 되어

וַיֹּאמֶר אֱלֹהִים תַּדְשֵׁא הָאָרֶץ דֶּשֶׁא עֵשֶׂב מַזְרִיעַ זֶרַע עֵץ פְּרִי עֹשֶׂה פְּרִי לְמִינוֹ אֲשֶׁר זַרְעוֹ־בוֹ עַל־הָאָרֶץ וַיְהִי־כֵן׃

[1:12] 땅이 풀과 각기 종류대로 씨 맺는 채소와 각기 종류대로 씨 가진 열매 맺는 나무를 내니 하나님이 보시기에 좋았더라

וַתּוֹצֵא הָאָרֶץ דֶּשֶׁא עֵשֶׂב מַזְרִיעַ זֶרַע לְמִינֵהוּ וְעֵץ עֹשֶׂה פְּרִי אֲשֶׁר זַרְעוֹ־בוֹ לְמִינֵהוּ וַיַּרְא אֱלֹהִים כִּי־טוֹב׃

[1:13] 저녁이 되고 아침이 되니 이는 셋째 날이니라

וַיְהִי־עֶרֶב וַיְהִי־בֹקֶר יוֹם שְׁלִישִׁי׃

지난 시간 함께 나눈 창세기 1장 9-10절에 물(얍바샤)과 땅(에레쯔)이 나왔습니다.

창세기 첫째 날 전에도 땅이 있었습니다. 이 땅은 아랫물로 덮여 있었습니다. 첫째 날에 그 땅에 씨가 심겼고, 성경은 이 씨를 '빛'이라고 합니다. 빛은 불이며 생명입니다. 다시 말해서, '내 안에 씨가 심어졌다'라는 말은 '내 안에 생명이 존재한다'라는 의미입니다. 그러므로 이 땅, '에레쯔'는 생명이 심겨진 땅입니다.

생명의 불이 타오르게 되면 아랫물로 덮여 있던 땅이 마른 땅으로 만들어집니다. 마른 땅에는 아랫물, 곧 율법의 말씀이 존재하지 않습니다. 그런데 하나님은 우리 안에서 계속해서 마른 땅, '얍바샤'를 만들어가십니다. 그렇게 마른 땅이 된 만큼 하나님이 말씀하신 땅, '에레쯔'가 됩니다. 다시 말해, 하나님께서 '얍바샤'라는 과정을 통해 우리의 마음 땅, '에레쯔'를 만드시는 것입니다. 이것은 씨가 있어야만 가능한 일입니다.

창세기 1장 11절에 '에레쯔'가 나옵니다. '에레쯔'는 마른 땅을 의미합니다. 이 마른 땅에서 씨가 발아해서 싹이 나옵니다. 성경은 이 싹을 '데쎄'라고 합니다. 그리고 채소, 즉 '에쎄브'라는 단어와 나무, 즉 '에츠'라는 단어도 나옵니다.

정리해보면, 싹이 나고 채소가 나고 나무가 나옵니다. 이것은 하나님께서 우리 안에서 어떻게 믿음을 키워 가는지 설명합니다.

싹

먼저 '싹'(데쎄)이 나옵니다. 창세기 첫째 날에 우리의 마음 땅에 씨가 심겼습니다. 씨는 빛이며 불, 생명입니다. 우리 안에 빛을 간직하게 되고 우리 마음 땅에 불이 떨어져 타고 있는 것입니다.

싹이 나기 위해서는 수분이 필요합니다. 우리 마음 땅에 타고 있는 불이 꺼지지 않기 위해서는 기름이 계속 공급되어야 합니다. 이 기름은 말씀입니다. 밖에서 들리는 말씀이 기름 부음으로 임하게 됩니다. 먼저는 모세를 통해서 들려지는 말씀이 주어져야 합니다.

이스라엘의 계절은 우기와 건기로 나뉩니다. 우기의 시작은 10월에서 11월입니다. 우기에는 비가 내리기 시작합니다. 이 비를 이른 비라고 합니다. 말씀입니다. 이 비를 통해서 씨가 심기고, 심긴 씨에서 싹이 나게 됩니다. 이후 열매를 맺기 위해서는 늦은 비가 필요합니다. 늦은 비는 3월에서 4월에 내리는 비로 결실을 위한 비입니다.

우리 안에서 일어나는 복음의 과정에 대해서 생각해 봅시다. 먼저 우리 안에 씨(빛)가 심어집니다. 그리고 밖에서 말씀이 공급됩니다. 그러면 우리는 우리 안에 빛이 존재하고 있음을, 우리 안에 예수의 생명이 존재하고 있음을 알게 됩니다. 예수가 내 안에 존재함을 알게 된다는 말입니다. 그것을 성경은 '데쎄'(싹)라고 합니다. 이제 생명이 드러난 것입니다. 씨가 땅 속에 있을 때는 그 안에 생명이 있는지 없는지 잘 알 수 없지만, 싹이 나면 그 안에 생명이 존재하고 있음을 알게 됩니다. 곧, 씨 안에 생명이 있음이 싹을 통해 증명되는 것입니다.

 마찬가지로, 우리 안에 불이 떨어지게 되면 말씀을 계속 공급 받아야 합니다. 말씀을 들으면 우리 마음이 뜨거워집니다. 그것을 통해서 '내 안에 생명이 존재하고 있구나, 내 안에 예수가 계시는구나, 내 안에 불이 타고 있구나, 내 안에 빛이 존재하고 있구나'라는 것을 확실하고 명확하게 알게 됩니다. 그것이 '데쎄'입니다. 내 안에서 싹이 나온 것입니다.

씨 맺는 채소

 그다음에 '채소'(에쎄브)가 됩니다. '에쎄브'의 핵심은 '씨'(제라)입니다. 이것은 첫째 날에 우리 안에 심긴 씨와는 다릅니다. 첫째 날의 씨는 싹으로 바뀌었고 채소가 되었습니다. '제라'는 그다음에 맺는 씨입니다.
 식물에서 씨가 어떻게 만들어지는지 생각해 봅시다. 씨가 심겨 싹이 나고 자라며 꽃이 피게 됩니다. 꽃 안에는 수술과 암술이 존재합니다. 씨가 되려면 수술에 있는 화분이 암술로 들어가서 수정이 일어나야 합니다. 곧이어 씨방에서 수분이 만들어지고 수분이 밑씨가 됩니다. 그리고 씨방은 자라서 열매가 되고 밑씨가 자라서 씨가 됩니다.

자연의 모든 현상과 법칙은 복음을 담고 있습니다. 암술은 우리 안에 간직된 빛, 불, 생명입니다. 그것이 수술과 만나면 수정이 이루어집니다. 수술은 그리스도입니다. 그리스도와 우리가 만나면 씨를 만들게 되고 열매를 만들게 됩니다. 그것이 핵심입니다.

어떻게 수술과 암술의 수정이 일어날 수 있습니까?

벌의 도움이 필요합니다. 벌은 성령을 의미합니다. 우리 안에 말씀의 근원, 즉 궁창이 존재한다는 것은 성령이 우리 안에 계신다는 뜻입니다. 성령을 통해서 우리와 그리스도가 연결됩니다. 성령을 통해 나오는 말씀은 그리스도의 말씀입니다. 그래서 성령을 그리스도의 영이라고 합니다. '벌'은 히브리어로 '드보라'라는 단어를 씁니다. '드보라'는 '다바르'에서 왔는데, '다바르'는 '말씀'이라는 뜻입니다. 결국, 벌은 말씀을 의미합니다.

성령을 통해 나오는 말씀이 우리 마음 땅에 기름으로 부어져야 합니다. 그러면 우리 마음 땅에 있는 불이 계속 타오르게 됩니다. 그런데 이 불은 전과는 다른 불입니다. 불은 씨라고 했습니다. 이 씨는 전과는 다른 씨입니다.

왜 다를까요?

처음에 이 불은 밖에서 공급 받는 기름에 의해서 타게 되었지만, 요단강을 건너면서부터 만나가 그치고 모세가 떠나가게 됩니다. 즉, 예수가 떠나게 되는 것입니다.

우리 안에 존재하는 근원(하늘)에서 나오는 말씀이 기름 부음으로 임합니다. 따라서, 안에서 공급되는 말씀으로 인해 타는 불은 처음의 불과는 다른 불입니다. 그리스도를 통해서 공급 받는 씨입니다. 이렇게 만들어진 씨가 '에쎄브', 곧 채소의 핵심입니다.

씨(제라)라는 단어는 창세기 3장에서도 나옵니다. 아담의 범죄 후, 하나님께서 뱀을 향해서 이렇게 말씀하십니다.

> 내가 너로 여자와 원수가 되게 하고 네 후손도 여자의 후손과 원수가 되게 하리니 여자의 후손은 네 머리를 상하게 할 것이요 너는 그의 발꿈치를 상하게 할 것이니라 하시고(창 3:15).

여기서 '제라'가 후손으로 번역되었습니다. '너의 후손', 다시 말해 '너의 씨'라는 말입니다. 뱀의 씨와 여자의 씨가 원수가 될 것이며, 여자의 씨가 뱀의 머리를 상하게 할 것이고, 뱀은 여자의 씨의 발꿈치를 공격할 것이라고 합니다.

우리는 여자의 씨(후손)를 예수 그리스도라고 생각합니다. 여자(마리아)를 통해 나셔서 뱀을 공격할 것이라 생각합니다. 하지만, 하나님께서는 이 말씀이 우리 안에서 실제로 이루어질 것을 말씀하십니다.

창세기 3장 15절은 뱀과 여자의 싸움을 의미하는 구절입니다. 여기서 여자는 남자(잇쉬)를 통해 만들어진 '잇샤'를 말합니다. '잇샤'는 씨(남편)를 간직하고 있습니다.

우리 안에 생명을 간직하게 되면 뱀과 전쟁이 있을 수밖에 없다는 것입니다. '나하쉬', 곧 뱀은 옛 의식에 의해 만들어진 겉사람이며 율법입니다. 내 안에 씨를 간직했다는 것은 하나님의 영역이 만들어 졌다는 의미이기 때문에, 하나님의 의식(진리)과 옛 의식(비진리)의 전쟁이 있을 수밖에 없습니다.

여자의 씨(후손)는 빛입니다. 성령을 통해 나오는 말씀이 기름 부음으로 만들어진 빛을 말합니다. 따라서, 옛 의식과의 싸움은 여자의 후손이 뱀, '나하쉬'의 머리를 완전히 없애 버릴 때까지 계속됩니다. 다시 말해, 겉사람이 완전히 없어질 때까지 계속되는 것입니다.

그리고 '나하쉬'는 여자의 씨 발꿈치를 공격할 것이라고 합니다. 발꿈치의 히브리어 단어는 '아케브'로 '발꿈치, 끝, 말단, 마지막'이라는 뜻이 있습니다. 우리의 마지막, 나의 옛 의식이 만들어 놓은 겉사람이 죽을 때까지 공격이 계속되는 것입니다. 우리의 겉사람이 남아 있는 한 뱀, 곧 '나하쉬'는 우리를 미혹할 것이기에 시험이 계속 있게 됩니다.

옛 의식이 존재하므로 공격 당한다는 것은 '페이라조'(πειράζω)의 시험을 계속 받을 수밖에 없다는 말입니다. 옛 의식은 계속 우리를 속일 것입니다. 우리에게 계속 거짓말할 것입니다.

> 네가 보고 느끼고 생각하는 그 모든 것들이 진짜야. 그게 진짜 세상이야. 진짜 하나님이야.

그렇게 우리를 속일 것입니다. 우리 눈에 보이는 것은 진짜가 아닙니다. 환상, 가상 현실입니다. 그런 가상 현실 속에 살면, 우리는 그것을 실제인 것처럼 착각하며 살게 됩니다. 나의 감정, 느낌, 생각이 진짜인 것처럼 속게 됩니다.

한편, '아케브'라는 단어는 야곱을 설명합니다. 아브라함과 이삭과 야곱을 살인과 간음과 도둑질의 문제와 연결하여 생각할 수 있어야 합니다. 아브라함을 통해서 살인이 무엇인지를 설명하고 싶은 것이고, 이삭을 통해서 간음이 무엇인지를 설명하고 싶은 것이며, 야곱을 통해서 도둑질이 무엇인지를 설명하고 싶은 것입니다.

아브라함은 갈대야 우르를 떠납니다. 그것이 회개이며 살인의 문제입니다. 이삭에게는 계속 두 주인이 존재하고 있으며 그는 두 주인 가운데서 계속 궁금해 합니다.

그 두 주인이 누구인가요?

두 아들입니다. 쌍둥이지요. 야곱과 에서 가운데서 계속 헷갈립니다. 누가 장자인지, 누가 진짜 아들인지 헷갈립니다. 이것은 간음의 문제입니다. 간음은 두 주인, 즉 두 남편이 존재하는 것입니다. 불을 간직했기 때문에 내 안에 남편이 존재하지만, 여전히 밖에서 남편을 찾는 것이 간음입니다.

도둑질은 여전히 내 안에 옛 의식이 존재하고 있는 것입니다. 야곱에게는 여전히 옛 의식이 존재하고 있으므로 속이고 빼앗고 거짓말하는 삶을 살게 됩니다.

그것을 하나님께서 해결하시는 것입니다. 야곱이 얍복강 가에서 천사와 씨름하는데, 천사는 말씀을 의미합니다. 말씀으로 싸우고 나서 이스라엘이라는 이름을 받게 됩니다. 이스라엘은 '사라'와 '엘'

의 합성어입니다. '사라'는 '통치를 시작한다, 지배하다, 싸우다'의 뜻이며, '엘'은 '하나님'입니다.

따라서, '이스라엘'은 하나님께서 통치를 시작하신다는 뜻입니다. 하나님께서 우리를 완전히 지배하시는 것, 그것이 야곱의 씨름 사건입니다.

그 후에 야곱은 숙곳으로 가게 됩니다. 숙곳은 초막절입니다. 초막절은 마지막 절기로, 하나님의 집으로 완성되는 것입니다. 에서는 세일로 떠납니다. 세일은 '털이 많다'는 뜻으로 '가리워진' 것입니다. 야곱과 에서의 분리입니다. 우리의 겉사람과 속사람의 완전한 분리입니다.

무엇이 그렇게 만드는 것일까요?

여자의 씨가 우리 겉사람과의 싸움에서 완전히 이기고 마는 것입니다. 뱀의 머리를 완전히 없애 버리는 것입니다. 그러기 위해서는 우리 안에 반드시 씨가 존재해야 합니다.

씨 뿌리는 자의 비유도 마찬가지입니다. 우리 안에 거룩한 씨가 존재할 때, 길가였던 우리의 땅을 돌밭으로, 가시덤불 밭으로, 돌과 가시덤불을 모두 없앤 옥토로 만들어 가십니다.

이것이 살인과 간음과 도둑질의 해결입니다. 그렇게 열매를 맺게 만드시는 것입니다. 따라서, '씨 뿌리는 자' 비유의 핵심은 밭이 아니라 '씨'입니다. 이 씨가 우리의 마음 땅을 옥토로 만들 것입니다. 그래서 우리는 반드시 씨를 간직해야 합니다.

우리 안에 그리스도와 연결된 그 씨를 간직해야 합니다. 그렇게 되었을 때, 성경은 우리를 향해서 '에쎄브'라고 합니다. 채소가 되었다는 것입니다.

씨 가진 열매 맺는 나무

마지막으로 '나무'(에쯔)가 나옵니다. '에쯔'의 어원은 '단단하다'입니다. 내 안에 그리스도와 연결된 씨를 간직했기 때문에 믿음이 확고하게 되었다는 것입니다. 이 씨는 우리 안에서 열매를 만듭니다.

말씀에는 '씨 가진 열매 맺는 나무'라고 번역되어 있으나, 원래 의미는 나무가 '열매'(프리)를 갖는다는 것입니다. 여기에 '오쎄'라는 단어가 나오는데, 이 단어의 기본형은 '아싸'입니다. '아싸'라는 단어는 '일하다, 노동하다'라는 의미로 내 안에 만들어진 열매가 일하는 것을 의미합니다.

우리 안에 씨가 만들어졌습니다. 이 씨는 수정을 통해 만들어진 밑씨가 자란 것으로, 씨방이 씨를 보호하고 있습니다. 씨방이 자라면 열매가 만들어집니다. 즉, 우리 안에 생명이 존재하고 있다면 쉠(이름)을 통해 우리의 영의 몸이 자랄 수밖에 없다는 것입니다.

그래서 셈과 야벳입니다. 셈은 이름을, 야벳은 확장을 뜻합니다. 열매(프리)는 야벳을 설명합니다. 내 안에 그리스도의 씨가 존재한다면, 그 씨가 계속 자라는 것입니다. 셈과 야벳이 되어야 노아의 부끄러움을 가릴 수 있습니다. 그것을 성경은 '그리스도로 옷 입었다'고 합니다. 이 열매는 "믿음이 너희 안에서 자라고 있어?"라고 묻는 것입니다.

이 열매(프리)는 어떤 일을 하는 것일까요?

열매는 씨를 전하기 위해 존재합니다. 식물의 목적은 씨를 전파해서 종족을 유지하는 것입니다. 씨를 전하기 위해서는 맛있고 향긋한 열매가 필요합니다. 새들이 와서 열매와 씨를 먹고 그 씨를 여러 곳에 뿌리게 됩니다. 어떻게 해야 맛있고 향긋하며 색이 곱고 예쁜 열매를 맺어서 씨를 전파하는지가 열매의 핵심입니다.

우리도 마찬가지입니다. 우리의 열매는 씨를 전하기 위해서 존재하는 것입니다. 말씀을 전하고 설교하는 목적은 사람들이 말씀을 듣게 하는 것입니다. 말씀을 들어야만, 즉 열매의 과육을 먹어야만 본질을 찾기 때문입니다. 그 본질, 생명을 내 안에 갖고 싶다는 소망을 갖게 만듭니다. 그런 다음에 씨를 전하여 그들 안에 씨를 간직하게 하는 것입니다.

그대로 되어

'그대로 된다'는 것은 '예히 켄'입니다. '예히'는 '존재하다'라는 하야 동사이고, '켄'의 의미는 '확고하게'입니다. 따라서, '그대로 된다'는 것은 '확고하게 존재한다'라는 의미입니다.
　확고하게 존재하는 상태에 관해 창세기 1장 12절이 설명합니다.

각기 종류대로

　어떤 의미일까요?
　지구상에 존재하는 모든 종류의 씨를 만들었다는 의미일까요?
　아닙니다. 왜냐하면, 싹(데쎄), 채소(에쎄브), 나무(에츠), 종류(민)의 단어는 모두 단수로 쓰였습니다. 한 종류라는 것입니다. '민'은 '종, 종류, 모양, 형태'라는 뜻입니다. '각기 종류대로'는 처음 것과 동일한 모양, 형태, 종류를 만드셨다는 말입니다.
　처음에 우리 안에 심어진 씨는 100퍼센트 예수 그리스도에게 받은 것입니다.
　디엔에이(DNA)를 생각해 봅시다. 씨 안에 유전 정보가 담겨 있습니다. 식물의 형질은 아미노산의 배열 때문에 만들어집니다. 디엔에이(DNA)는 아미노산의 배열을 정해주는 설계도입니다. 그래서 부모의 형질이 디엔에이(DNA)를 통해서 후손에게 그대로 전달되는 것입니다.
　마찬가지로 '씨가 각기 종류대로'라는 말은 예수 안에 있던 빛이 정확하게 내 안에 심어진 것을 가리킵니다. 예수의 디엔에이(DNA)가 전부 나에게 전달된 것입니다. 우리를 그리스도와 같은 존재로 만드는 것, 그것이 종류(민)에 담긴 의미입니다.

하나님이 보시기에 좋았더라

'키 토브'가 계속 나옵니다.

무엇이 좋은 건가요?

우리 안에 그리스도로부터 물려받은 씨(빛, 불)가 존재하고 있을 때, 그 씨를 나만 가지고 있는 것이 아니라, 열매(프리)로 다른 사람들에게도 전해줄 것이기 때문에 좋은 것입니다.

그러므로 우리는 반드시 열매를 맺어야 합니다. 나를 위해서 뿐만 아니라 다른 사람을 위해 씨를 전하기 위해 반드시 좋은 열매를 맺어야 합니다. 이것이 우리가 살아가는 이유입니다.

그리스도의 씨가 내 안에 있다면 전부를 가진 것입니다. 그 씨를 다른 사람에게 주는 것이 창세기 넷째 날에 만드신 광명체들입니다. 씨를 주는 일들로, 여섯째 날의 자카르와 네케바가 연합된 아담으로 완성이 되는 것입니다. 그리고 안식으로 완성됩니다.

그러므로 우리는 그리스도의 씨를 내 안에 간직하고 열매를 맺어서 그 씨를 전달해야 합니다.

제7장

넷째 날[1]: 내 안에 있는 빛을 세상을 향해 비추다

1:14 하나님이 이르시되 하늘의 궁창에 광명체들이 있어 낮과 밤을 나뉘게 하고 그것들로 징조와 계절과 날과 해를 이루게 하라

וַיֹּאמֶר אֱלֹהִים יְהִי מְאֹרֹת בִּרְקִיעַ הַשָּׁמַיִם לְהַבְדִּיל בֵּין הַיּוֹם וּבֵין הַלָּיְלָה וְהָיוּ לְאֹתֹת וּלְמוֹעֲדִים וּלְיָמִים וְשָׁנִים:

1:15 또 광명체들이 하늘의 궁창에 있어 땅을 비추라 하시니 그대로 되니라

וְהָיוּ לִמְאוֹרֹת בִּרְקִיעַ הַשָּׁמַיִם לְהָאִיר עַל־הָאָרֶץ וַיְהִי־כֵן:

광명체들(메오로트)

넷째 날의 핵심은 광명체들, '메오로트'입니다. '메오로트'는 '마오르'의 복수형입니다. 이 단어는 창세기 셋째 날까지의 창조에서 어떤 일이 일어나는지 설명합니다.

첫째 날에 우리는 빛(오르)를 받게 되며 그 빛이 내 안에 간직됩니다. 창세기 넷째 날에는 빛들(메오로트)가 만들어집니다. 셋째 날의 '씨 가진 열매'의 상태가 '메오로트'로 드러나게 되는 것입니다.

즉, 열매(프리)가 메오로트라는 것입니다. 내 안에 만들어진 열매를 다른 사람들에게 주는 것입니다. 열매는 씨를 전달하는 것이 목적입니다. 씨는 곧 그리스도의 빛입니다. 내 안의 빛, 열매를 세상에 넘겨주는 것이 메오로트입니다.

우리 안에 '씨 가진 열매'가 준비되었다는 것은 무슨 뜻일까요?

오순절/맥추절/칠칠절

일곱 절기의 관점에서 보면 '추수 절기'입니다. 초실절이 시작되어서 맥추절, 칠칠절, 오순절으로 넘어가는 것입니다. 이런 흐름을 이해해야 셋째 날과 넷째 날이 각각 무엇을 의미하는지, 두 날의 차이가 무엇인지 알게 됩니다.

셋째 날에서 넷째 날로 넘어가는 사건은 이스라엘 백성의 광야 여정 가운데에서 요단강을 건너는 사건을 의미합니다. 이 사건을 이해할 때 맥추절, 칠칠절, 오순절의 절기를 이해할 수 있습니다.

추수의 시작을 초실절이라고 합니다. 이는 창세기의 셋째 날입니다. 추수의 끝을 맥추절이라고 합니다. 추수는 땅에서 잘려 나가는 것으로, 겉사람과의 분리를 의미합니다. 이제 내가 속사람으로 겉사람을 인식하고 겉사람의 정체가 무엇인지 알게 되는 것입니다.

> 이게 나의 겉사람이구나. 옛 의식이 만든 체계의 질서 안에서 내가 지금까지 살고 있었구나. 이 율법 안에서 내가 지금까지 살고 있었구나.

이것이 추수이고 맥추절입니다. 칠칠절은 일곱 이레가 일곱 번 있는 것입니다. 희년을 생각하게 됩니다. 희년의 핵심은 자유입니다.

어떤 자유일까요?

우리의 겉사람, 옛 의식으로부터 분리되는 것입니다. 우리의 마음 땅을 뺏겼다가 되찾아 오는 것입니다.

그런데 이 되찾아 오는 땅은 처음과 다른 땅입니다. 하나님께서 '옛' 땅을 취하시고 우리에게 '새' 땅으로 주시는 것, 이것이 칠칠절입니다.

오순절의 핵심은 '성령 충만'입니다.

무엇이 성령 충만입니까?

어떤 영적인 현상들을 이야기하는 것이 아닙니다.

먼저는 방언이 나와야 합니다. 방언은 알아듣지 못하는 말씀입니다. 하나님의 말씀이 내 안에서 준비되었을 때, 처음에 이것은 이해할 수 없는 말씀입니다. 그다음에 통변입니다. 내 안에 준비된 하나님의 말씀을 내가 이해하고 깨닫게 되는 것을 통변이라고 합니다. 그다음은 예언입니다. 깨달아진 말씀을 전하는 것을 예언이라고 합니다. 그래서 베드로의 오순절 설교는 예언입니다.

성경은 이렇게 하나님의 말씀이 들려지고 깨달아져서 그 말씀을 다른 사람에게 전할 수 있는 상태를 '성령 충만'이라고 합니다. 우리 안에 말씀이 충만하다는 것입니다.

'충만'은 흘러넘치는 것입니다. 물병에다 물을 채워서 그 물이 넘쳐 흐를 때까지 채워지는 것이 '충만'입니다. 가득 채워지면 당연히 흘러나올 수밖에 없습니다. 마찬가지로, 우리 안에 열매가 자라서 가득 채워지면 그것이 밖으로 드러날 수밖에 없습니다. 이것이 성령 충만이며 오순절입니다.

일곱 절기와 창세기 일곱 날의 창조, 팔복은 모두 연관되어 있습니다. 예수님이 말씀하신 네 번째 복은 다음과 같습니다.

> 긍휼히 여기는 자는 복이 있나니 그들이 긍휼히 여김을 받을 것임이요 (마 5:7).

무엇이 긍휼인가요?

어려운 사람들을 돕는 것을 말하는 것이 아닙니다. 긍휼은 불쌍히 여기는 것입니다. 양식이 없는 사람들을 불쌍히 여기고 내 안의 양식, 생명을 주는 것이 긍휼입니다.

셋째 날에 만들어 놓은 '씨 가진 열매'가 우리 안에 존재해야 넷째 날 그 열매를 긍휼로 사람들에게 줄 수 있습니다. 그러면 나는 긍휼히 여김을 받게 됩니다.

어떤 긍휼을 받게 될까요?

죄 없이 함을 받게 됩니다.

내 안의 양식을 주면 줄수록 나의 겉사람이 해결됩니다. 옛 의식이 죽는 것입니다. 내 안의 말씀이 더 많아지고 깨끗해지는 것이 하나님이 우리에게 주시는 긍휼입니다.

궁창에 광명체들이 있어 낮과 밤을 나뉘게 하고

'메오르트'는 내 안에 있는 긍휼을 주는 것입니다. 창세기 1장 14절에 '메오르트'는 하늘의 궁창 안에 존재합니다. '메오르트'는 씨(불, 빛)입니다.

하늘의 궁창의 핵심은 말씀입니다. 말씀이 빛을 감싸고 있는 것이 열매입니다. '메오르트'의 기본형인 '마오르'는 모세오경에서 성소 안에 있는 등대의 등불을 설명할 때 사용되는 단어입니다. '마오르'는 내 안에 간직된 성소 안에 간직된 불입니다.

이 광명체들, '메오르트'는 어떤 일을 하게 될까요?

낮과 밤을 나누게 됩니다. 낮과 밤은 창세기 첫째 날에서 설명합니다. 하나님께서 빛(오르)을 만드시고 빛을 낮(욤)이라고 부르십니다. 그리고 어두움(호셰크)을 밤(라일라)이라고 부르십니다.

'호셰크'가 '라일라'가 되었다는 말은 어떤 의미일까요?

호셰크는 우리의 옛 의식을 의미합니다. 우리의 옛 의식은 반드시 밤이라는 시간을 만들 수밖에 없습니다. 밤은 우리의 옛 의식이 만들어 놓은 겉사람입니다. 옛 의식은 우리의 마음을 만들고, 우리 마음은 감정과 느낌, 생각을 만들고, 이것들은 의미를 만듭니다.

그렇게 만들어진 의미로 살아가는 상태를 겉사람이라고 합니다. 이 세상을 보고 듣고 살아갈 때, 의미 없이 존재하는 것은 없습니다. 우리의 삶, 신앙생활에는 모두 의미가 있습니다. 그런 의미를 가지고 교회에서 말씀을 듣고 기도를 합니다. 이때 만들어진 의미들이 바로 우리의 겉사람입니다.

한편, '오르'는 하나님의 의식(말씀)의 드러남입니다. 하나님의 의식도 우리의 마음을 만들고, 우리 마음은 감정, 느낌, 생각을 만들고 이것들은 의미를 만듭니다. '욤'은 하나님의 의식으로 만들어진 속사람으로 사는 시간입니다.

우리는 겉사람으로 밤을 살고, 우리의 속사람으로 낮을 살게 됩니다. 겉사람과 속사람을 동시에 살게 됩니다. 낮과 밤을 동시에 사는 것입니다.

겉사람과 속사람이 분리된다는 것은 어떤 의미가 있나요?

분리된다는 의미로 '바달'이라는 단어가 사용됩니다. 그리고 '벤 하욤'이 나옵니다. '벤'은 '사이, 간격'을 뜻합니다. '벤'은 '빈'이라는 단어에서 왔는데, '빈'은 '나누다, 알다, 이해하다, 깨닫다'라는 의미입니다.

따라서, '벤 하욤'은 낮이 무엇인지 깨닫는 것입니다. 하나님의 의식이 무엇인지를 알게 된다는 말입니다. 우리 안에 속사람이 존재하기 때문에 그 속사람으로 하나님이라는 존재를 인식하는 것입니다. 그래서 우리는 하나님의 의식으로 세상 모든 것에 의미를 부여하며 사는 것입니다. 그것이 '낮을 살다'라는 구절의 의미입니다. 그리고 '벤 하라일라'가 나옵니다. 내가 밤의 정체를 알고 깨닫는 것입니다.

요한계시록 13장은 '용'의 정체를 설명합니다. 용은 사탄, 마귀, 옛 뱀입니다. 사탄은 '대적자', 마귀는 '참소자'라는 뜻입니다.

용이 바다 짐승을 만듭니다. 바다 짐승의 핵심은 '메가스'(μέγας), '블라스페미아'(βλασφημία)입니다. '메가스'는 높고 많아지고 커지는 것, '블라스페미아'는 신성 모독입니다. '메가스'를 추구할수록 하나님을 모독하고 무시하게 되고, 그러면 땅의 짐승이 될 수밖에 없습니다.

땅의 짐승은 우상을 만들고 우상은 표를 주게 됩니다. 표의 정체는 666입니다. 666은 밤(라일라)입니다. 밤을 이해하기 위해서는 믿음의 길의 시작까지 거슬러 올라가야 합니다. 용, 사탄, 마귀, 그 옛 의식이 나의 마음을 지배하는 상태가 시작입니다. 우상을 만들고 큰 것을 추구할 수밖에 없습니다. 그것이 세상의 질서이자 체계입니다.

세상은 계속 우리에게 말합니다.

> 많이 가져야 돼. 많이 소유해야 돼. 그게 성공이야. 그게 성공적인 삶이야.

이렇게 세상이 우리를 속이는 것이 밤입니다. 밤을 살아가는 우리는 우리의 마음을 통제할 수 없습니다.

> 왜 내 마음이 이렇게 힘들지?
> 내가 왜 이렇게 어려운 삶을 살지?
> 왜 내 마음이 이렇게 답답하지?

우리의 마음을 만드는 옛 의식의 정체를 알고 이해해야 우리 마음을 이해하게 됩니다. 옛 의식이 점령했기 때문에 우리의 감정, 느낌, 생각은 이렇게 될 수밖에 없습니다. 그래서 우리는 착각합니다.

> 이게 원래 본래의 나야, 나는 원래 이렇게 태어났어.

이렇게 생각하는 것은 무엇이 나를 이렇게 만들었는지 깨닫지 못한 상태입니다. 그런데 창세기 넷째 날이 되면 그 '무엇'을 명확하고 분명하게 알게 됩니다.

겉사람의 체계와 그 질서 안에 내가 있었구나. 내가 지금까지 평생 그 안에서 살았구나.

율법 안에 있던 내 모습을 보게 됩니다. 예수를 믿지 않는 사람도 그 율법 안에, 그 체계 안에 있기 때문입니다. 그런데 겉사람과 속사람이 분리되니까, 내 안에 '메오르트'가 존재하니까 하나님을 명확히 알게 되고, 겉사람의 정체를 보게 됩니다. 666의 정체가 무엇인지 알게 된다는 것입니다. 이것이 낮과 밤의 분리입니다.

징조/계절/날/해

창세기 1장 14절에 '징조와 계절과 날과 해를 이루게 하라'고 합니다. 이렇게 번역했습니다. 이를 단순하게 천지창조라고 인식했으므로 이렇게 번역한 것입니다. '메오르트'를 태양, 달, 별들로 생각하기 때문에 태양, 달, 별에 의해서 징조와 계절, 날, 해가 만들어지는 자연 현상이 생겼다고 번역했습니다.
하지만, 아닙니다. 심지어 과학적으로도 말이 안됩니다.
'메오르트'가 태양, 달, 별이라면, 어떻게 '메오르트'가 만들어지기 전에 땅에서 채소가 나고 씨 가진 열매 맺는 나무가 만들어질 수 있을까요?

어떻게 생명체가 만들어지고 물이 만들어지며 시간과 공간이 만들어질 수 있겠습니까?

성경은 하나님께서 이 땅의 자연 만물을 어떻게 창조했는지 보여 주는 것이 아니라, 우리를 어떻게 하나님의 것으로 만들어가시는지, 우리 안에 성전을 어떻게 만들어가시는지 설명하는 것입니다.

마찬가지로 우리가 징조와 계절과 날과 해도 우리 안에서 일어나는 일로 이해해야 합니다. 내 안에 간직된 '메오르트'가 빛을 받은 사람들 안에 징조와 계절과 날과 해를 만듭니다.

네 단어들 앞에 전치사 '라메드'가 사용되었습니다. '라메드'는 주다, 가르치다, 양육하다, 교육하다'라는 뜻입니다. '메오르트'가 존재하고 있기 때문에 내 안에 있는 것을 다른 사람들에게 주는 것입니다.

빛을 주어서 무슨 일이 일어나는지를 설명하는 것이 '징조와 계절과 날과 해'를 만든다는 말의 의미입니다. 내 안의 것으로 다른 사람들을 첫째 날부터 셋째 날까지 인도하는 것입니다. 여기까지입니다. 창세기 셋째 날에서 넷째 날로 넘어가는 것은 요단을 건너는 사건입니다. 넷째 날부터는 내가 그리스도와 연결되어서 그리스도가 직접 나를 인도하시는 것입니다.

다시 말해, 징조와 계절과 날과 해는 모세의 일입니다. 이스라엘 백성들을 출애굽시키고 요단을 건너게 한 것까지 … 우리도 그런 일들을 해야 한다는 것입니다.

징조는 '오트'입니다. '오트'는 '표적, 사인'입니다.

이를 이해하기 위해서는 성막의 구조를 이해해야 합니다. 성막의 곁에는 울타리가 있습니다. 성막의 울타리는 다섯 규빗으로 약 2.5미터의 높이로 밖에서 안을 들여다 볼 수 없습니다.

우리도 마찬가지입니다. 우리가 성전 안에 들어가기 전까지는 하나님이라는 존재를 절대로 볼 수 없습니다.

울타리가 의미하는 것이 '오트'입니다. 예수라는 존재가 표적입니다. 그 표적을 통해 복음이 무엇인지 보여주고 싶은 것입니다. 그래서 예수의 생애, 많은 사람의 병을 고쳐 주시고, 물 위를 걸으시고, 죽은 사람을 살리신 일들은 복음을 설명합니다. 예수 그리스도가 무슨 의미인지 설명하고 있는 것입니다.

그것이 표적입니다. 우리가 처음에는 그 표적을 보고서 예수를 믿을 수밖에 없습니다. 표적을 보고 성전으로 가게 됩니다. 그리고 성전 울타리를 지나 안으로 들어가는 것은 그 표적이 무엇인지 알기 때문입니다. 예수의 기적, 표적이 무엇을 의미하는지 알아야 그 안으로 들어오게 되는 것입니다. '오트'는 표적을 보고서 이해하는 것입니다. 전해진 말씀을 통해서 말씀을 깨닫는 것입니다.

그리고 나서 번제단을 통과합니다. 예수와 함께 내가 십자가에서 죽는 것, 나의 의식이 깨어지는 것이 회개입니다. '모에드'는 회개를 설명합니다. '모에드'는 여기서 '계절'로 번역을 했지만, 보통은 '특정한 때, 특정한 장소에 거기에 모인 사람들, 회중'으로 번역됩니다. '여호와의 절기'로 번역되기도 합니다.

'모에드'는 번제단과 물두멍을 지나서 성소 안으로 들어가는 때, 홍해를 건너서 광야로 들어가는 그때입니다. 예수 그리스도의 말씀이 무엇인지 이해하고 깨닫고, 나의 의식이 깨어지는 회개가 일어나게 되며, 이제 홍해를 건너서 광야로 넘어가게 됩니다.

그 일을 모세가 합니다. 씨 가진 열매를 간직한 사람이 모세입니다. 모세는 광명체를 의미합니다. 광명체를 간직하게 되면 모세의 일들을 할 수밖에 없습니다. 모세를 통해 전해진 말씀이 다른 사람들을 성전 울타리 안으로 들어오게 하고, 번제단을 지나게 합니다.

번제단을 지나는 것은 십자가를 지나는 것입니다. 모세를 통해 말씀을 전해 들은 사람들의 옛 의식이 죽게 되고 홍해를 건너서 광야로 들어오게 합니다. 그러면 우리 안에 빛을 간직하게 되며 '낮'이라는 시간을 살게 됩니다.

이렇게 하나님의 시간이 시작됩니다. 우리의 속사람이 만들어지는 것입니다. 우리 밖에서 공급 받던 말씀을 우리 안에서 공급 받게 됩니다. 그것으로 '해', 곧 '샤나'를 살게 됩니다. '샤나'는 '-을 계속 반복하다, 변화되다'라는 뜻입니다.

따라서, 우리가 낮들을 산다는 것은 말씀을 들으면서 내가 낮을 살고 있는 것을 계속 확인하는 것입니다. 그것을 반복하면서 우리의 의식이 바뀝니다. 그것을 성경은 '샤나'라고 합니다. '샤나'의 복수형 '샤님'이 '해(年)들'입니다.

광야 40년이라는 시간을 통해 이스라엘 백성의 의식이 바뀌게 됩니다. 그들의 겉사람이 죽게 됩니다.

그런 일이 우리에게도 일어납니다. 불을 간직하고 말씀이 기름 부음으로 임해서 이 불이 계속 타오르게 되면 우리의 겉사람이 죽게 되는 것입니다.

그런데 이 '샤님'에만 라메드가 붙지 않습니다. 이제는 밖에서 들리는 말씀이 아니라, 우리 안에 있는 말씀이 기름 부음으로 임하기 때문입니다. 우리 안의 지성소에 있는 말씀으로 '샤님'을 살기 때문입니다. 광야 40년을 사는 것입니다.

땅을 비추라

다른 사람들의 땅을 비추는 것입니다. 처음에는 나를 먼저 비추게 됩니다. 그래서 산상수훈도 이렇게 말씀합니다.

> 너희는 세상에 빛이라 산 위에 있는 동네가 숨겨지지 못할 것이요 (마 5:14).

산 위에 있는 동네는 성전입니다. 우리 안을 밝힙니다. 그 빛을, 등을 말 아래 놓지 않고 등경 위해 둡니다. 집 안을 비추고 사람들을 향해서 비춥니다. 그래서 이렇게 말씀합니다.

> 너희 착한 행실을 보고 하늘에 계신 너희 아버지께 영광을 돌리게 하라 (마 5:16).

착한 행실이란 무엇인가요?

내 안에 있는 빛을 비추어 다른 사람들에게 징조와 계절과 날과 해를 살게 만드는 것, 바로 사역입니다. 모세가 했던 것처럼, 예수가 했던 것처럼 그 착한 행실을 해야 하는 것입니다.

그리고 예수는 떠나십니다. 그러면서 '그대로 되니라'라고 합니다. 여기서도 '예히 캔'이 사용됩니다. '확실하게 존재한다'라는 것입니다.

왜 하나님께서 계속 '예히 캔'이라고 하실까요?

진짜 너희 안에 확실하게 이런 일들이 일어나고 있는지 보라는 것입니다.

진짜 이런 일이 일어나고 있다면, 믿음의 길을 가고 있는 것입니다. 우리는 계속 확증하면서 이 길을 가야 합니다. 정말로 내 안에 첫째 날이 이루어지고 둘째 날, 셋째 날, 넷째 날이 이루어지고 있는지 … 그것을 내가 모를 수 없습니다. 명확히 알게 되어 있습니다.

그 씨 가진 열매, 곧 '메오르트'를 가진 사람은 세상을 향해서 비출 수밖에 없습니다. 메오르트가 내 안에 있다는 것을 너무나 분명하고 확실히 알게 됩니다. 그리고 그 씨를 받은 자도 알게 됩니다.

> 아, 내 안에 그 씨가 존재하고 있구나. 그 씨라는 걸 통해서 징조와 계절과 해와 날을 살고 있구나.

제8장

넷째 날[2]: 빛이 모여 별들을 만들다

> 1:16 하나님이 두 큰 광명체를 만드사 큰 광명체로 낮을 주관하게 하시고 작은 광명체로 밤을 주관하게 하시며 또 별들을 만드시고
> וַיַּעַשׂ אֱלֹהִים אֶת־שְׁנֵי הַמְּאֹרֹת הַגְּדֹלִים אֶת־הַמָּאוֹר הַגָּדֹל לְמֶמְשֶׁלֶת הַיּוֹם וְאֶת־הַמָּאוֹר הַקָּטֹן לְמֶמְשֶׁלֶת הַלַּיְלָה וְאֵת הַכּוֹכָבִים׃
>
> 1:17 하나님이 그것들을 하늘의 궁창에 두어 땅을 비추게 하시며
> וַיִּתֵּן אֹתָם אֱלֹהִים בִּרְקִיעַ הַשָּׁמָיִם לְהָאִיר עַל־הָאָרֶץ׃
>
> 1:18 낮과 밤을 주관하게 하시고 빛과 어둠을 나뉘게 하시니 하나님이 보시기에 좋았더라
> וְלִמְשֹׁל בַּיּוֹם וּבַלַּיְלָה וּלֲהַבְדִּיל בֵּין הָאוֹר וּבֵין הַחֹשֶׁךְ וַיַּרְא אֱלֹהִים כִּי־טוֹב׃

제8장 넷째 날 [2]: 빛이 모여 별들을 만들다

> 1:19 저녁이 되고 아침이 되니 이는 넷째 날이니라
> וַיְהִי־עֶרֶב וַיְהִי־בֹקֶר יוֹם רְבִיעִי׃

셋째 날의 핵심은 '씨 가진 열매'(프리)이고 넷째 날의 핵심은 광명체들, '메오르트'라고 말씀 드렸습니다.

첫째 날에 간직한 빛, '오르'가 셋째 날에 '씨 가진 열매'로 바뀝니다. 다른 말로, '광명체'(마오르)라고 할 수 있습니다. 첫 번째 심긴 씨, 곧 '오르'는 싹으로 바뀌게 됩니다. 그리고 '씨'(제라)를 간직한 상태가 됩니다.

'제라'는 새롭게 만들어진 씨입니다. 둘째 날에 내 안에 성령이 임하셔서 궁창, 말씀의 근원이 만들어집니다. 내 안에 있는 궁창에서 나오는 말씀이 기름 부음으로 임하여 타오르는 불을 '씨', 즉 셋째 날의 '제라'라고 합니다. 이것을 '마오르'라고 합니다.

그래서 '마오르'는 '오르 앞에 '멤'(מ)이라는 자음이 붙습니다. '멤'은 '물', '말씀'입니다. 즉, '마오르'는 기름이 불을 감싸고 있는 상태입니다. 성소에 있는 일곱 등잔에 등불이 켜진 것과 같은 상태입니다.

내 안에 '마오르', 곧 광명체가 있다는 것은 세상을 향해서 빛을 낼 수 있는 준비가 되었다는 것입니다. 내 안에 가진 열매를 다른 사람에게 줄 준비가 되어서 그 빛을 전하는 상태를 '메오르트'라고 하는데, 이때 복수형이 쓰입니다. 내 안에 있던 빛이 밖으로 드러나고 나가기 때문에 '마오르'가 '메오르트'로 바뀐 것입니다. 이것을 이

해했다면 사실 오늘 말씀을 다 이해한 것과 마찬가지입니다.

하나님께서 두 큰 광명체를 만드사

여기서 '만들다'는 '아싸'입니다. '아싸'는 '만들다, 노동하다, 일하다'라는 의미입니다. 하나님께서 내 안에 간직된 빛으로 일하는 것입니다.

어떤 일들을 하시는 것일까요?

하나님께서 두 개의 큰 광명체를 만들었다고 합니다. 여기서 '크다, 작다'의 개념이 나옵니다.

예수님께서는 가나안 여인을 향해서 "네 믿음이 크도다"(마 15:28)라고 말씀하시고, 바다에 큰 놀이 일어나 배가 물결에 덮이게 되었을 때 두려워하는 제자들을 향해서는 "믿음이 작은 자들아"(마 8:26)라고 말씀하십니다. 또 어린아이들을 향해서 "어린아이들과 같이 되지 아니하면 결단코 천국에 들어가지 못하리라"(마 18:3)고 하십니다.

무엇이 큰 믿음이고 무엇이 작은 믿음일까요?

'크다'는 '가돌'이라는 단어를 씁니다. '가돌'은 '가달'에서 온 단어인데 '가달'은 '함께 엮이고 꼬이다'라는 의미입니다.

그리스도와 함께 엮이고 꼬이는 것입니다. 그리스도의 말씀이 기름 부음으로 내 안에 임하고, 그 빛으로 내 안에 비추고 있기 때문에 내가 그리스도와 연결되어 있는 상태를 '가달'이라고 합니다.

그러므로 내 안에 있는 빛은 큰(가돌) 빛이라고 할 수 있습니다. 내 안에 큰 광명체가 존재하고 있다고 말할 수 있는 것입니다. 반대로 '작다'는 '없음, 누군가에게 도움을 받아야 하는' 상태입니다.

지구상에 존재하는 나라를 예로 들어봅시다. 미국, 러시아와 같은 나라는 큰 나라입니다. 다른 나라에 영향을 미치는 나라이기 때문에 강대국이라고 합니다. 작은 나라는 다른 나라의 영향을 받는 나라입니다. 땅의 크기와 상관없이, 영향력에 따라 작고 큰 나라가 정해집니다.

마찬가지입니다. '작다'는 것은 밖에 있는 빛으로부터 영향을 받는 상태, 밖에서 빛, 말씀을 공급 받기 때문에 작은 상태입니다.

폭풍 가운데 두려워하는, 무서워하는 제자들을 향해서 예수께서 '믿음이 작은 자들아'라고 말씀하시는 이유가 무엇일까요?

제자들 안에 믿음이 존재하지 않기 때문입니다. 그들 안에 빛이 존재하지 않기 때문에 예수를 통해서 빛을 받아야 하는 상태입니다. 그래서 주님이 이렇게 말씀하시는 것입니다.

> 봐, 너희 안에 내가 존재하지 않으니까, 너희 안에 빛이 존재하지 않으니까, 너희가 계속 무서워하잖아. 너희가 두려워하잖아. 밖에 있는 것의 영향을 계속 받게 되잖아.

그럼 왜 어린아이와 같이 되지 아니하면 천국에 들어가지 못한다고 말씀하셨을까요?

가장 작은 상태가 어린아이들입니다. 어린아이는 도움을 받아야 하는 존재입니다. 어린아이처럼 가장 작은 상태는 예수로부터 빛을 공급 받아야 하는 상태입니다.

그러므로 어린아이같이 된다는 것은 빛을 공급 받아야 할 존재임을 스스로 깨닫는 것입니다. 그래야 그 사람 안에 빛이 임하고, 그 안에서 하나님의 나라가 시작되는 것입니다. 내 안에 빛이 없음을 깨달을 때, 천국이 시작됩니다. 여기서 '작다'는 빛을 공급 받아야 하는 존재를 설명합니다. 빛을 가지고 있는 자로부터 빛을 공급 받아야 하는 것이 작은 광명체입니다.

처음에는 두 개의 큰 광명체입니다. 큰 광명체는 그리스도와 연결된, 빛을 가진 상태라고 했습니다. 우리 안에 '마오르'가 있습니다. 이 '마오르'를 세상에 비추면 '메오르트'가 됩니다. 즉, 광명체가 광명체들이 되어, 큰 광명체와 작은 광명체가 존재하게 됩니다. 큰 광명체는 빛을 주는 존재, 작은 광명체는 빛을 받는 존재입니다. 작은 광명체는 큰 광명체의 빛을 통해서 하나님을 봅니다. 그 빛에 의해 시작됩니다.

큰 광명체-낮을 주관/작은 광명체-밤을 주관

'주관하다'는 '멤샬라'입니다. '멤샬라'는 '지배, 다스림, 통치'를 뜻합니다. '마샬'에서 온 단어로, '다스리다, 지배하다, 통치하다'라는 의미입니다.

큰 광명체가 낮을 '주관한다, 다스리고 지배하고 통치한다'라는 말은 어떤 의미일까요?

내 안에 큰 광명체는 세상을 향해서 빛을 비춥니다. '빛을 비춘다는' 것은 영역의 확장을 말합니다.

낮은 하나님의 영역입니다. 빛이 영향력을 미치는 상태를 낮이라고 합니다. 따라서, 큰 광명체가 낮을 주관한다는 것은 하나님의 영향력이 밖을 향해서 펼쳐져 나가는 것을 말합니다. 그러면 흑암(호세크)을 살고 있는 사람들이 빛이 있음을 보게 됩니다.

예수 그리스도를 통해서 우리가 빛을 보게 됩니다. 이 빛을 통해서 내가 어둠 가운데 있었음을 알게 됩니다. 십자가의 죽음을 통해서 그 빛, 불을 내 안에 간직하게 됩니다. 십자가의 죽음은 우리에게 불을 넘겨주시는 사건입니다. 그 불을 우리 안에 간직하는 것을, 성경은 '부활'이라고 합니다. 다시 살아난 것입니다. 예수 그리스도의 생명이 내 안에 간직되어서 내가 다시 태어난 것입니다. 그것이 거듭남입니다.

한편, 작은 광명체는 밤을 주관하게 되는데, 이는 다스림의 시작을 의미합니다. 하나님의 영역이 밤으로 뚫고 들어와서 그 밤을 낮으로 만들어 버릴 것이라는 말입니다. 그것이 천국, 하늘 나라, 하나님 나라의 시작입니다.

그리고 나면 '별들'(코카빔)이 만들어질 수밖에 없습니다. '코카빔'은 '코카브'의 복수형입니다. '코카브'는 별입니다. '함께 엮이다, 띠'라는 뜻입니다. 띠로 연결되면 그것이 '별들'이 되는 것입니다.

어떻게 '별'이 되는 것일까요?

내 안에 그리스도의 빛이 간직되어 있으면 그 빛을 누군가에게 비출 것입니다. 빛을 받은 사람 안에 빛이 간직되면, 빛을 간직한 별이 만들어집니다. 이렇게 수많은 별이 만들어집니다.

생각해 봅시다. 예수 그리스도 안에 빛이 간직되어 있습니다. 이 빛, 불을 제자들에게 넘겨준다면 예수님과 제자들은 띠로 연결된 것입니다. 빛이라는 띠로 연결된 것, '별들'이 된 것입니다. 예수 그리스도라는 하나의 빛을 통해서 여러 개의 많은 빛이 만들어집니다. 이렇게 만들어진 것이 '코카빔', 곧 '별들'입니다.

빛들의 모임을 '별들'이라고 할 수 있습니다. 이 '코카빔'이 교회인데, 교회는 오순절 이후에 만들어집니다.

오순절은 창세기 넷째 날을 의미합니다. 내 안에 있는 빛을 밖으로 비추는 사건입니다. 이 사건이 일어나야만 교회가 만들어질 수 있습니다.

교회는 '에끌레시아'(εκκλησια)'입니다. '에끌레시아'는 '에끄'(εκ)라는 전치사와 '깔레오'(καλέω)라는 단어의 합성어인데, '에끄'는 안에 있는 것이 밖으로 나가는 것을, '깔레오'는 '부르다, 불러내다'라는 의미입니다. 따라서, '에끌레시아'는 '밖으로 불러내다, 안에 있는 것이 밖으로 나가서 어떤 것을 불러내다'라는 뜻을 가집니다.

이것이 교회입니다. 내 안에 있는 빛을 밖으로 비추는 것이 '밖으로 드러내다, 불러내는 것'입니다. 그래서 다른 사람들 안에 빛을 넘겨주는 것입니다. 빛을 넘겨받은 자들이 그들 안에 빛을 간직했을 때, 그 전체를 교회라고 하는 것입니다.

정리해 보겠습니다.

내 안에 빛을 간직하고 있을 때 그 빛을 간직한 사람들의 모임이 교회입니다.

따라서, 정말로 내 안에 빛이 존재하고 있는지를 보셔야 합니다. 참으로 그 불이 내 안에서 타고 있는지를 보셔야 합니다. 그리고 교회가 어떤 의미인지, 무엇인지를 볼 수 있어야 합니다.

진짜 교회가 많아진다는 것은 밝아지는 것입니다. 그런데 계속 어두움만이 존재하는 것, 진정한 교회들이 많지 않다는 것은 참 빛을 간직한 사람들이 그렇게 많지 않다는 뜻입니다.

우주에는 수많은 별이 존재합니다. 별은 항성인데 스스로 빛을 내는 별을 항성이라고 합니다. 태양은 항성입니다.

우리 은하에 태양과 같은 항성이 몇 개나 존재하고 있을까요?

수천억 개가 존재하고 있습니다.

이 우주에는 우리 은하와 같은 은하가 몇 개가 있을까요?

수천억 개가 존재하고 있습니다.

그러면 이 우주에는 태양과 같이 빛을 내는 별이 얼마나 존재할까요?

수천억 곱하기 수천억 개, 정말 셀 수 없이 많은 수의 별이 존재하고 있습니다.

이렇게 수많은 별을 통해 하나님은 무엇을 말씀하고 싶은 것일까요?

> 나는 그걸 원해. 나는 나의 빛을 너희 안에 간직된 그 사람들이 이렇게 많아지길 원해. 하늘의 별과 같이 이렇게 많아지기를 원해.

이것이 하나님의 뜻입니다. 하나님의 마음을 아는 우리가 먼저 예수 그리스도의 빛을 내 안에 간직해야 합니다. 그리고 그 빛을 세상을 향해 비춰야 합니다. 그래서 세상에 수많은 별이 존재하게 만들어야 합니다. 별들, 곧 교회가 존재하게 만드는 것이 우리가 해야 할 일입니다. 이것이 하나님께서 우리를 이 땅에 보낸 이유이며 우리가 오늘과 내일을 살아가는 이유입니다.

하나님은 빛을 내 안에 그냥 간직하고 있는 것을 원하시지 않습니다. 그 빛을 세상을 향해서 비추어 수많은 별을 만들기 원하십니다. 이것이 큰 믿음입니다. 그래서 예수께서 이렇게 말씀하십니다.

> 너희가 나보다 더 큰 일을 하게 될 거야 (요 14:12, 사역).

어떤 일일까요?

수많은 별을 만드는 일입니다.

하나님이 그것들을 하늘의 궁창에 두어

하늘은 내 안에 있는 하나님의 영역입니다. 하늘의 궁창에 둔다는 것은 하나님의 영역이 모든 별을 품어 버린다는 것입니다. 즉, 나를 통해 만들어진 별들은 내 안에 있는 하늘에, 궁창 안에 존재하고 있습니다.

성경은 이것을 기업이라고 하는데, 하나님께서 우리에게 주기 원하시는 기업은 이 세상에서 예수 잘 믿고 복 받는 것을 의미하지 않습니다. 땅이 많아지고 재산이 많아지고 자식이 많아지는 것이 아닙니다.

하나님께서 우리에게 주시려는 기업은 별들입니다. 교회입니다. 나를 통해서 만들어진 기업입니다.

그래서 내가 기업을 정말 많이 받고 싶다면 내 안의 빛을 많이 넘겨줘야 합니다. 말씀을 전해야 합니다. 그리고 말씀을 받은 자들에게 그 빛을 넘겨줘야 합니다. 그래야 그들 안에 광명체들이 만들어지는 것입니다.

'땅을 비추게 하시고, 낮과 밤을 주관하게 하시고, 빛과 어둠을 나누게 하시는 일'은 '우리가 세상을 향해서 빛을 비추고 그들 안에 빛을 간직하게 만들어서 그 사람들이 어두움을 인식하게 만드는 것' 입니다.

　빛을 인식하는 것은 하나님을 보는 것입니다. 하나님을 인식하고 나의 어둠을 보는 것입니다.

　나의 어둠은 나의 의식입니다. 나의 겉사람, 곧 율법입니다. 그 옛 의식의 정체를 보게 하는 것입니다. 무엇이 나의 마음을 만들었는 지, 무엇이 나의 감정, 느낌, 생각을 만들었는지, 내가 지금까지 어 떠한 의미를 가지고 살았는지 보게 하는 것입니다. 그것을 깨닫게 만드는 것이 빛과 어둠을 나누는 것입니다.

보시기에 좋았더라

　내 안에 있는 빛을 세상에 비추는 행위, 그 빛을 받은 사람들이 빛과 어둠으로 나뉘는 것, 그 수많은 빛이 존재하는 것을 '좋았더라' 고 말씀하시는 것입니다. 그 빛을 받은 사람들이 빛과 어둠으로 나뉘어 그 수많은 빛이 존재하는 '코카빔', 하나님께서 이것을 '좋았더라'고 말씀하십니다.

저녁이 되고 아침이 되니 이는 넷째 날이니라

마지막으로, "저녁이 되고 아침이 되니 이는 넷째 날이니라"라고 합니다. '저녁'은 '에레브'입니다. '에레브'는 '사라지다, 없어지다'라는 뜻입니다.

무엇이 사라지고 없어지는 것일까요?

내가 세상을 향해서 빛을 비추는 것은 다른 사람들만 위한 것이 아닙니다. 먼저는 나를 위한 것입니다. 내가 내 안의 말씀을 넘겨주면서 나의 겉사람을 보기 때문입니다. 그래서 등불을 켜서 집안을 먼저 비추는 것입니다.

> 등불을 켜서 말 아래에 두지 않고 등경 위에 두나니 (마 5:15).

하나님은 넷째 날의 과정들을 통해서 나를 보게 하시는 것입니다.

> 아, 그렇지. 이게 내 모습이지. 이 어둠이라고 하는 것이 바로 나지. 내가 지금까지 그렇게 살았었지. 그리고 내 안에 여전히 이 어둠이라는 게 존재하고 있구나.

다른 사람에게 더 많이 빛을 전할수록 이것을 알게 됩니다. 그래서 하나님께서 전하라고 하는 것입니다.

그래서 결국은 어떻게 만들어 가시는 것일까요?

요한계시록 21장, 22장에 보면 더이상 밤이 존재하지 않습니다. 우리의 겉사람이 존재하지 않는 것이고 옛 의식이 나를 지배하지 않는 것입니다.

그리고 아침, '보케르'가 옵니다. 하나님을 봅니다. 저녁이 되고 아침이 되니 이는 첫째 날, 저녁이 되고 아침이 되니 이는 둘째 날, 저녁이 되고 아침이 되니 이는 셋째 날, 저녁이 되고 아침이 되니 이는 넷째 날입니다.

내 의식이 죽을수록 하나님을 더 분명하고 선명하게 보는 것이 복음입니다.

아침입니다. 내 안에 하나님의 영역이 존재하고 있기 때문에 첫째 날, 둘째 날, 셋째 날, 넷째 날을 계속 만들어 내는 것입니다.

히브리어 알파벳에는 숫자 값이 있습니다.

네 번째 알파벳은 달렛(ㄱ)입니다. '문, 통로'를 의미합니다. 넷째 날은 내가 세상을 향해 빛을 비추는 통로가 되었음을 의미합니다. 오순절입니다.

다시 한번 말씀드리지만, 오순절의 핵심은 방언, 통변, 예언입니다. 내 안에 존재하지만 이해하지 못했던 말씀이 들려지고 깨달아지고 다른 사람들을 향해서 이 말씀을 전하는 것입니다.

이 모든 말씀이 지식으로만 끝나지 않고 실제로 내 안에 일어나서 세상을 향해 빛을 비출 수 있는 우리 모두가 되기를 소원합니다.

제9장

다섯째 날[1]: 의식의 변화

1:20 하나님이 이르시되 물들은 생물을 번성하게 하라 땅 위 하늘의 궁창에는 새가 날으라 하시고

וַיֹּאמֶר אֱלֹהִים יִשְׁרְצוּ הַמַּיִם שֶׁרֶץ נֶפֶשׁ חַיָּה וְעוֹף יְעוֹפֵף עַל־הָאָרֶץ עַל־פְּנֵי רְקִיעַ הַשָּׁמָיִם:

1:21 하나님이 큰 바다 짐승들과 물에서 번성하여 움직이는 모든 생물을 그 종류대로, 날개 있는 모든 새를 그 종류대로 창조하시니 하나님이 보시기에 좋았더라

וַיִּבְרָא אֱלֹהִים אֶת־הַתַּנִּינִם הַגְּדֹלִים וְאֵת כָּל־נֶפֶשׁ הַחַיָּה הָרֹמֶשֶׂת אֲשֶׁר שָׁרְצוּ הַמַּיִם לְמִינֵהֶם וְאֵת כָּל־עוֹף כָּנָף לְמִינֵהוּ וַיַּרְא אֱלֹהִים כִּי־טוֹב:

첫째 날에 받았던 빛을 내 안에 간직해서, 그 빛을 다른 사람들에게 비추는 것이 넷째 날입니다.

그렇다면 다섯째 날, 여섯째 날은 무엇을 설명할까요?

내가 첫째 날, 둘째 날, 셋째 날의 길을 걸었던 것처럼, 내가 누군가에게 빛을 주고 다섯째 날과 여섯째 날의 생물들을 기르는 것입니다. 내가 걸었던 길로 인도하는 것입니다.

첫째 날, 둘째 날, 셋째 날은 하나님께서 우리 안에 속사람을 만드십니다. 속사람의 정체는 이름, '쉠'입니다. 빛과 말씀입니다. 내 안에 빛과 생명의 근원을 간직하게 되는 것을 '쉠'이라고 하며 이것이 바로 속사람입니다.

넷째 날, 다섯째 날, 여섯째 날에는 하나님께서 우리의 겉사람을 해결하십니다. 겉사람은 곧 옛 사람의 의식을 가지고 살고 있는 내 자신입니다. 하나님께서 첫째 날, 둘째 날, 셋째 날에 만드신 속사람을 통해 우리의 의식을 바꿔 가시는 것입니다.

결국, 우리의 속사람은 첫째 날, 둘째 날, 셋째 날을 살게 되고 우리의 겉사람은 넷째 날, 다섯째 날, 여섯째 날을 살게 됩니다. 겉사람과 속사람이 동시에 산다는 것은 우리가 낮과 밤을 동시에 살고 있다는 것입니다.

창조하시니

다섯째 날에 '바라'라는 동사가 처음 나옵니다. '바라'는 '창조하다'이며, 창세기 1장에 3번 나옵니다.

> 태초에 하나님이 천지를 창조하시니라(창 1:1).

여기에 '바라'가 등장한 후, 첫째 날부터 넷째 날까지 등장하지 않습니다. '하야' 동사와 '아싸' 동사가 나옵니다. 하야 동사는 '존재하다', 아싸 동사는 '노동하다, 일하다'라는 뜻입니다. 그리고 '바라' 동사가 다섯째 날에 처음 나와서 여섯째 날에 사람을 만들 때 나옵니다. '바라'는 '창조'입니다. 없던 것이 새롭게 만들어지는 것을 창조라고 합니다.

첫째 날, 둘째 날, 셋째 날에 등장한 '-이다'는 없던 것이 새롭게 만들어진다는 의미가 아닙니다. 첫째 날의 '빛', 둘째 날에 '궁창, 말씀의 근원'은 하나님 자신이므로 없던 것이 아닙니다. 빛과 말씀, 곧 '쉠'은 하나님의 존재로 이 '쉠'이 우리 안에 존재하게 되므로 첫째 날과 둘째 날에 '하야' 동사가 사용됩니다. 그리고 우리 안에서 하나님께서 일하시므로 '아싸' 동사가 사용됩니다.

다섯째 날에는 '바라' 동사가 사용되는데, 우리 안에 하나님의 의식을 창조하시기 때문입니다. 우리 안에서, 우리 의식을 하나님 의식으로 바꾸는 것이 창조입니다.

그래서 창세기 1장 1절의 '베레쉬트'는 '회개'를 설명합니다. 우리의 의식이 깨어지고 하나님이라는 존재를 인식하게 되는 것입니다. 하나님, 즉 '엘로힘'이 그 하늘과 그 땅을 만드는데 하늘은 하나님의 의식입니다.

또 하늘을 통해서 땅(아레츠)을 만드는데, 이 땅은 하나님의 의식이 지배하는 땅입니다. 옛 의식 가운데 살고 있는 우리를 하나님의 의식으로 바꾸고, 하나님의 의식을 간직하고 그 의식으로 살아가는 것을 '말쿠트 하샤마임'(천국)이라고 합니다. 또한, '말쿠트 하엘로힘'(하나님의 나라)입니다. 결국, 하나님은 이 하나님의 나라를 만들고 싶으신 것입니다.

하나님은 다섯째 날과 여섯째 날을 통해서 우리와 그리스도의 연합인 아담을 만드십니다. '자카르'와 '네케바'의 연합인 아담, 곧 창조의 완성입니다. 그렇게 아담이 만들어진 상태를 안식(샤바트)이라고 합니다.

다시 말하면, 옛 의식이 죽고 하나님의 의식을 가지고 살아가는 나를 만드는 것이 창조라는 것입니다.

물에서 번성하여 움직이는 모든 생물(네페쉬 하야)

　다섯째 날의 핵심은 '네페쉬 하야'입니다.
　창세기 1장 20절에서 '네페쉬 하야'를 '생물'로 번역했습니다. '네페쉬'는 '혼, 영혼, 생명, 목숨'입니다. '하야'는 '살아 있다'입니다. 그러므로 '네페쉬 하야'는 '살아 있는 영혼, 살아 있는 혼'입니다.

　생명이란 무엇일까요?
　살아 있다고 하는 것은 무엇일까요?
　우리가 어떤 존재가 되었을 때 살아 있다고 말할 수 있을까요?

　생명은 예수 그리스도 자신입니다. 하나님만이 생명이라고 말할 수 있습니다. 십자가의 죽음을 통해 예수 안에 간직된 그 빛을 우리 안에 간직하는 것입니다. 예수의 죽음과 부활이 우리 안에서 이루어져야 살아 있는 상태가 되는 것입니다. 그렇지만 여전히 우리의 의식인 네페쉬(혼)가 존재하고 있기 때문에 '네페쉬 하야'라고 하는 것입니다.
　'샤랏쯔'는 '번성'으로 번역되었습니다.
　번성이란 무엇일까요?
　생물학적으로 살아 있다는 것은 내 안에서 세포 분열이 계속 일어나는 것을 말합니다.

이것은 영적으로는 무엇을 의미할까요?

말씀이 계속 공급되어서 내 안에 불이 타오르게 되어서 나의 겉사람을 보게 되는 것을 의미합니다. 그 불, 빛을 통해서 하나님을 보게 되고, 하나님이 누구인지 알게 되는 것입니다. 내 안에 생명이 있기 때문에 가능한 일입니다.

'라마스'는 '움직이다'로 번역되었습니다. 움직임은 변화입니다. 생명체들은 움직여서 환경에 맞게 적응합니다. 궁극적으로 진화를 위해서 움직인다고 할 수 있습니다.

마찬가지로 생명을 가진 우리가 움직인다는 것은 하나님의 의식과 체계에 적응하기 위함입니다. 하나님께서 우리를 창조하시는 이유는 우리의 의식, 마음을 하나님의 것으로 만들기 위함입니다. 하나님의 의식과 마음을 통해 의미를 만들기 원하십니다. 내가 무엇을 위해서 이 땅을 살아가고 있는지, 하나님을 믿는다는 것이 어떤 의미인지, 내 안에 생명이 있다는 것과 내가 하나님의 의식으로 바뀌어 간다는 것이 어떤 의미인지 알게 하시고 깨닫게 하시는 것입니다.

내가 번성하고 움직이는 것은 내가 살아 있다는 증거입니다. 말씀이 공급되고 공급된 말씀이 기름 부음으로 임하기 때문에 우리의 마음은 계속 뜨거워집니다. 이를 통해, 내가 살아 있음을 알게 되는 것입니다.

> 아, 내가 죽은 존재가 아니라 살아 있는 존재구나.

이전에 율법 안에 있을 때는 살아 있는 것 같으나 죽어 있었습니다. 생명이 없었던 것입니다. 하나님의 의식이 없기 때문에 행위를 통해서 의미를 만들어 갔습니다.

> 내가 이렇게 열심히 예배를 드리고 있으니까, 내가 열심히 말씀을 듣고 있고, 열심히 봉사도 하고 있고, 열심히 헌금도 드리고 있고, 하나님을 위해서 내가 뭔가를 하고 있기 때문에 나는 살아 있는 존재야.

그런데 말씀이 들리고, 내 안에 빛을 간직하고 뒤를 돌아보니 이전에 나는 죽어 있었음을 알게 됩니다. 의식의 변화를 통해 하나님이라는 존재를 알게 되고, 하나님의 마음을 깨닫게 됩니다. 의식이 바뀌는 것을 통해서 살아 있음을 알게 되는 것입니다.

이 믿음의 길을 가면서 꼭 생각해 봐야 합니다. 나는 죽어 있는 존재인지, 살아 있는 존재인지를. 말씀이 기름 부음으로 임해서 내 안에 그 불이 타고 있으며, 그것을 인식하고 경험하고 볼 수 있어야 합니다. 내 의식이 하나님의 의식으로 바뀌고 있고 내 겉사람의 의식이 무엇인지를 볼 수 있어야 합니다.

이것이 내가 살아 있다는 증거입니다. 창세기 다섯째 날에 하나님이 만드신 '네페쉬 하야'입니다.

큰 바다 짐승들

바다 짐승, '타님'이 나옵니다. '타님'은 '바다 짐승, 큰 물고기, 용, 악어' 등으로 번역합니다.

하나님은 먼저는 밖에 있는 진리의 말씀을 통해 내가 자라나기를 원하십니다. 이것이 '타님'이 설명하는 바입니다. '타님'을 통해서 하나님은 이렇게 말씀하기 원하십니다.

> 너희가 밖의 말씀, 아랫물로 시작하지만 거기에 머물러 있으면 안 된다. 거기서 나와야 한다.

결국, 하나님께서 주시는 것은 윗물이기 때문입니다. 내 안에 있는 양식으로 먹기를 원하시는 것입니다. 윗물은 우리 안에 존재하고 있습니다. 우리 안에 성령이 임하여 말씀의 근원이 존재하고 있기 때문입니다.

아랫물에 머물러 있으면 밖에 있는 모세와 예수를 의지하게 됩니다. 모세와 예수는 떠나가야 하는 존재입니다. 진짜가 우리 안에 있음에도 불구하고, 떠나가야 하는 존재를 의지하며 살게 되면 내가 '타님'이 된다는 것입니다.

밖에서 들리는 말씀을 지식으로 추구하게 됩니다. 그런데 밖에서 주어지는 말씀은 우리의 지식을 쌓으라고 주신 말씀이 아닙니다. 그 말씀은 진짜를 보게 하기 위한 도구입니다. 내 안에 하나님을 보고 겉사람으로 존재하는 나를 보라는 것입니다. 하나님은 거기에 머물지 말 것을 말씀하시는 것입니다. 거기에 머무르게 되면 너희가 '타님'이라고 알려주시는 것입니다.

날개 있는 모든 새

하나님은 새(오프)를 창조하십니다. 새는 날개, '카나프'를 가지고 있습니다. '카나프'는 두 가지 의미로 사용됩니다.

첫째, '보호'입니다. 하나님께서 '내가 독수리 날개로 너희를 지킬 거야. 너희를 보호할 거야'라고 말씀하십니다. 가리고 숨기고 감추어서 우리를 보호하시는 것입니다.

둘째, '비밀'입니다. 하나님이라는 존재가 비밀이라는 것입니다. 우리 안에 간직된 말씀, 윗물을 통해서 하나님의 존재는 드러날 수 있습니다. 하지만, 내가 밖에 있는 아랫물에 머물러 있다면 하나님이라는 존재는 나에게 비밀일 수밖에 없습니다.

하나님께서 날개 있는 새를 만드신 것은 이것을 말씀하고 싶으셨기 때문입니다.

내가 너를 지킬 거야. 내가 너를 보호할 거야. 이 믿음의 길을 가는 이 모든 여정 가운데서 내가 너를 지키고 보호할 거야.

다섯째 날의 생물을 사는 동안 공격이 많습니다.

이스라엘 백성이 계속 애굽을 추억합니다. 이것이 믿음의 길을 가는 동안 우리가 받는 공격입니다. 우리 마음에 여전히 율법의 체계가 남아 있기 때문에 예전으로 돌아가려고 합니다. 전에는 예배 참석, 기도, 헌금, 봉사 등등 시키는 것만 하면 되는 안정감이 있었습니다.

하지만, 진짜 믿음의 길을 간다는 것은 아무것도 하지 말라는 것입니다. 하나님께서 "그거 하지마, 내가 할게"라고 하시기 때문입니다. 여기서 오는 불안감이 있습니다. 무엇인가 해야 할 것 같고, 열심을 내어 내가 하나님을 사랑하고 있음을 증명해야 할 것 같은, 그래야만 내가 천국갈 수 있는 존재임을 확증할 수 있을 것 같기 때문입니다.

율법의 체계가 존재한다는 것은 내가 무언가를 하려 하는 상태, 내 노력과 열심을 통해서 결과를 만들어 내려는 마음이 여전히 존재하고 있다는 것입니다. 이것이 우리를 향한 미혹입니다.

이런 공격이 있을 때마다, 끝까지 이 믿음의 길을 갈 수 있도록 하나님께서 우리를 지키고 보호해 주시겠다는 것입니다. 우리 힘으로는 결코 갈 수 없는 길입니다.

하지만, 하나님께서 시작하셔서 우리의 믿음의 길이 끝날 때까지 우리를 지키고 보호하시기 때문에, 이 길을 갈 수 있습니다. 믿음의 길을 가면서 넘어지기도 하고 쓰러지기도 하지만, 하나님께서 다시 일으키시고 다시 걷게 하십니다. 하나님께서 우리 안에 계시기 때문입니다. 하나님께서 반드시 우리를 만들겠다는 것입니다.

종류대로

'종류대로', 곧 '미네헴'이라는 단어가 나옵니다.
종류대로 창조하셨다는 것이 무슨 뜻일까요?
바다에 존재하는 생물들, 뭍에 존재하는 생물들과 새들, 이렇게 여러 가지 종류의 생물을 만드셨다는 의미가 아닙니다.
'민'은 '종류, 모양, 형태'를 말합니다. 내 안에 간직한 만큼 의식이 바뀔 것이며, 의식이 바뀐 만큼이 믿음이라는 것입니다. 내 안에 말씀이 얼마나 간직되어 있고 의식이 바뀌었느냐가 '종류'입니다. 그것이 나의 믿음이라는 것입니다.
우리에게 수많은 선택의 순간이 있습니다. 우리는 의식이 변한 만큼 선택하게 됩니다. 의식이 변한 만큼이 나의 믿음이기 때문에, 믿음의 분량만큼 선택하게 되는 것입니다. 따라서, 우리 안에서 창조의 일들이 계속 일어나야 합니다. 우리 의식이 바뀐 만큼 살아 있음을 알게 되고, 하나님의 은혜와 보호하심을 느끼게 됩니다. 내 의식이 바뀐 만큼 하나님을 알고 인식하고 경험하게 됩니다. 그것이 믿음입니다.

하나님은 다섯째 날을 통해서 이렇게 말씀하십니다.

> 너희 안에 빛을 간직했으면, 너희는 더이상 죽어 있는 존재가 아니라 살아 있는 존재야. 너희는 '네페쉬 하야'야.

이 '네페쉬 하야'는 창세기 2장에도 등장합니다. 하나님이 아담을 만드실 때, '먼지'(아파르)를 '네페쉬 하야'로 만드십니다. 먼지는 죽어 있는 상태입니다. 하나님은 죽어 있던 상태인 우리를 하나님께서 생명을 가진 존재로 만드시는 것입니다.

우리가 믿음의 길을 가면서 힘들고 어려운 순간들이 있습니다. 내 주위에 아무도 없는 것 같은 마음이 들기도 합니다. 그렇지만, 우리가 결코 잊지 말아야 하는 것이 있습니다.

> 그 예수의 생명이 내 안에 존재하고 있다. 나는 살아 있는 존재구나.

어떤 상황에도 이것을 잊지 않는 여러분이 되시길 소원합니다.

제10장

다섯째 날[2]: 하나님의 복이 임하다

1:22 하나님이 그들에게 복을 주시며 이르시되 생육하고 번성하여 여러 바닷물에 충만하라 새들도 땅에 번성하라 하시니라

וַיְבָרֶךְ אֹתָם אֱלֹהִים לֵאמֹר פְּרוּ וּרְבוּ וּמִלְאוּ אֶת־הַמַּיִם בַּיַּמִּים וְהָעוֹף יִרֶב בָּאָרֶץ׃

1:23 저녁이 되고 아침이 되니 이는 다섯째 날이니라

וַיְהִי־עֶרֶב וַיְהִי־בֹקֶר יוֹם חֲמִישִׁי׃

첫째 날과 둘째 날, 셋째 날, 넷째 날을 통과한 사람들이 다섯째 날, 여섯째 날을 산다는 말은 다섯째 날과 여섯째 날의 생물들을 기르고 양육하는 것을 의미합니다.

하나님은 넷째 날에 내 안에 빛을 주시고, 다섯째 날에는 말씀을 주십니다. 넷째 날의 빛을 받은 사람은 첫째 날을 살고, 다섯째 날의 말씀을 받은 자들은 둘째 날을 살게 됩니다.

다시 말해, 빛과 말씀을 전하는 자들에게는 다섯째, 여섯째 날이지만 그 빛과 말씀을 받은 자들에게는 첫째, 둘째 날이 되는 것입니다.

다섯째 날의 핵심 단어는 '네페쉬 하야' 입니다. '네페쉬'는 '혼, 생명, 영혼'이며 '하야'는 '살아 있다'이므로, '네페쉬 하야'를 '생물'이라고 번역했습니다. 창세기 넷째 날의 그리스도의 빛을 넘겨받아 간직한 사람을 살아 있는 사람이라고 합니다. 살아 있는 사람 안에는 하나님의 말씀을 향한 갈망이 생깁니다. 하나님의 말씀을 통해 하나님을 인식하고, 보게 되기 때문입니다.

이것이 성경이 말하는 '창조'입니다. 무에서 유가 생기는 것이 창조입니다. 없던 열망이 생기므로 창조입니다. 우리 안에 하나님의 것이 존재하지 않으면 그분을 향한 열망이 생길 수 없기 때문에 창조입니다.

생육하고 번성하라

살아 있는 상태인 '네페쉬 하야'는 물에서 번성하게 됩니다. 성경에서 말하는 '번성', 곧 '샤라쯔'는 하나님을 인식하는 것, 의식의 확장입니다.

그리고 생육하게 되고 움직인다고 합니다. '움직인다'는 '라마스'입니다. 생명체는 움직입니다. 환경에 적응해서 살아가기 위해서 움직입니다. 생물학은 환경에 적응하는 것을 진화라고 합니다.

영적으로는 어떤 의미가 있을까요?

우리 안에 빛이 존재하고 하나님의 말씀이 기름 부음으로 임하게 되면, 우리 안에 하나님의 의식이 만들어집니다. 하나님 의식을 통해서 내가 하나님을 인식하게 됩니다. 이것이 의식의 변화인데, 성경은 이를 '창조'(바라)라고 합니다. 하나님께서 하시는 일입니다.

하나님이 그들에게 복을 주시며

창세기 1장 22절에서 하나님이 '오탐'에게 바라크의 복을 주십니다. '오탐'은 존재(네페쉬 하야)입니다.

우리는 이 복(바라크)에 관해 생각해 봐야 합니다. 하나님은 우리에게 복을 주시기 원합니다.

그렇다면 '복'이란 무엇일까요?

물질의 복, 자식의 복, 건강의 복 등 모든 사람이 복이라고 생각하는 그런 것들일까요?

아닙니다. 성경은 눈에 보이는 물질적인 것을 복이라고 하지 않습니다. 바라크는 '무릎꿇다, 엎드리다, 경배하다, 절하다, 복을 주다,

복을 빌다'의 뜻이 있습니다. 결국, 하나님의 복은 우리를 하나님께 엎드리는 존재로 만들어 가기 위해서 주시는 것입니다.

바라크의 복이 임하면 생육하고 번성하고 충만하게 됩니다. 단순히 숫자가 많아지는 것을 의미하는 것이 아닙니다. 하나님은 바다에 여러 가지 생물을 만들고 그들의 숫자가 많아져서 바닷물에 가득 채워지는 것을 이야기하고 싶으신 것이 아닙니다.

생육하고 번성하여 바닷물에 충만하라

'바닷물'은 무엇일까요?

'마임 베야밈', 곧 말씀이 바다들이 된 것입니다. 여기서 말씀은 밖에서 들리는 말씀입니다. 이 말씀을 내 안에 간직하게 되면, 그 말씀은 바다들이 되는 것입니다. 결국, 하나님께서 바닷물에 충만하라고 하실 때의 그 바닷물은 '아랫물'입니다. 밖에 존재하는 모든 말씀은 아랫물입니다.

그럼 윗물은 어디에 존재할까요?

내 안에 존재하고 있는 물, 그것만이 윗물입니다. 지성소로부터 나오는 말씀입니다.

하나님께서 창세기 둘째 날에 궁창(라키아)을 만드시고, 그 궁창을 하늘(샤마임)이라고 하십니다. 이 궁창, '라키아'에 의해서 윗물과 아랫물이 나뉩니다. 하늘 자체가 윗물이 되기 때문입니다.

내 안에 말씀의 근원이 존재하고 있는 것으로 성령이 내 안에 임하신 것입니다. 그러면 밖에 있는 모든 말씀은 아랫물이 되어 버리는 것입니다. 사실 윗물은 우리가 깨달을 수 없는 말씀입니다. 그래서 우리는 먼저 밖에서 말씀을 들어야 합니다. 누군가에 의해 깨달아진 말씀을 들어야 하는 것입니다. 이 아랫물에서 생육하고 번성하고 충만하라는 것입니다.

'생육하다'(파라)는 '열매 맺다'라는 뜻으로, 말씀을 내 안에 간직하는 것입니다. '번성하다'는 '라바'로 '많아지다'라는 뜻인데, 말씀이 내 안에 채워져서 많아지는 것입니다. 그러면 '말라', 곧 충만하게 됩니다.

창세기 넷째 날에 간직된 불과 밖에서 들리는 말씀이 기름 부음으로 임해서 계속 타오르게 되는 것입니다. 그 불이 타올라 하나님이라는 존재를 인식하게 됩니다. 하나님을 알고 경험하고 보게 되는 것, 이것이 '생육하고 번성하고 충만하다'의 의미입니다.

하나님께서 우리에게 주기 원하시는 복은 한 가지입니다. 말씀을 복으로 주기 원하십니다. 말씀을 통해서 하나님께 온전히 엎드려지게 하는 것입니다. 나의 옛 의식, 옛 사람이 죽고 하나님의 의식으로 바뀌어 가는 것이 하나님이 우리에게 주시는 복입니다.

하나님이 아브라함에게 복을 주십니다. 창세기 12장 1-2절을 보면 하나님께서 아브라함을 부르시고 "너의 고향과 친척과 아버지의 집을 떠나라"(창 12:1)고 말씀하시며 "내가 너로 큰 민족을 이루"(창 12:2)게 할 것이라고 하십니다.

여기에 '아싸'라는 단어가 사용됩니다. '아싸'는 '일하다, 노동하다, 만들다'의 의미입니다. 하나님께서 큰 민족을 만들기 위해 일하시겠다는 겁니다. '민족'은 '고이'입니다. '고이'는 '가아'에서 온 단어로 '많아지다, 증가하다, 늘어나다'라는 뜻입니다.

우리 안에 말씀이 많아지게 만드는 것입니다. 큰 민족이라고 할 때의 '큰'은 '가달'로 '함께 묶이고 엮이고 꼬이는 것'입니다.

그리스도와 함께 묶이고 꼬이고 거기서 나오는 말씀으로 충만하게 되었을 때, 성경은 이것을 '큰 민족'이라고 합니다. 하나님께서 이 일을 하시겠다는 것입니다. 아브라함이 자손을 많이 낳아서 그들의 인구가 많아지는 것, 이것은 하나님이 주고 싶어 하는 복이 아닙니다. 하나님은 이렇게 말씀하시는 것입니다.

> 아브라함 네 안에 내가 들어가서 너를 가득 채울 거야. 말씀으로 너를 가득 채울 거야.

또 하나님은 아브라함에게 복을 주어 그의 이름을 창대하게 하겠다고 하십니다. 단순히 아브라함의 이름을 유명하게 만들겠다는 의미가 아닙니다. 이름은 '쉠'(שם)입니다. '쉰'(ש)과 '멤'(ם)으로 이루어진 단어입니다. 본질입니다. 빛과 물입니다.

그렇게 '쉠', 즉 하나님의 이름이 존재할 때 그 이름을 창대케 하겠다는 것입니다. 쉠'은 하나님 자신입니다. 그러므로 '창대케 하겠다'라는 것은 하나님만이 우리 안에 존재하게 만들겠다는 것입니다.

"너는 될지라"(창 12:2)라는 말씀은 그 복으로 존재하게 하시겠다는 의미입니다. 우리 안에 하나님의 이름을 주시고 그 이름만 우리 안에 존재하게 만들어서, 속사람이 겉사람을 이기게 함으로써 우리 의식을 하나님의 의식으로 새롭게 바꿔 버리겠다는 것입니다.

이것이 하나님이 아브라함에게 주시는 복입니다. 하나님께 온전히 엎드릴 수밖에 없는 존재가 되는 것, 이 복이 아브라함과 이삭과 야곱을 통해서 이루어집니다.

'아브라함'은 회개를 의미합니다. 우리의 옛 의식이 깨어지고 우리 안에 불, '쉰'(ש)을 주십니다. 빛을 주시는 것입니다. 그러면 그 불을 간직하게 됩니다.

'이삭'은 아들입니다. 아들은 창세기 셋째 날의 '씨 가진 열매'를 의미합니다. 이렇게 되면 요단을 건너게 되는 것입니다. 창세기 셋째 날에서 넷째 날로 넘어가게 됩니다.

그렇게 되면 어디를 건너게 되는 것일까요?

요단을 건너게 됩니다.

건너는 자는 야곱입니다. 하나님께서 강을 건너게 만드시고, 이스라엘이라는 이름을 주십니다. '이스라엘'은 '사라'와 '엘'이 합쳐진 단어입니다. '사라'는 '정복하다, 다스리다, 싸우다'입니다. '엘'은 '하나님'입니다. 따라서, '이스라엘'은 하나님께서 정복하고 다스리고 싸우심을 보여줍니다.

창세기 넷째 날로 넘어가게 되면 싸움이 있게 됩니다. 전쟁에서 이기면 기업을 받게 됩니다. 아브라함과 이삭과 야곱의 하나님은 죽은 자의 하나님이 아니라 살아 있는 자의 하나님입니다.

그 상태가 내 안에 존재했을 때 나는 살아 있는 존재, 다시 말해서 하나님과 연합된 존재가 되기 때문입니다. 결국, 아브라함과 이삭과 야곱을 통해서 아브라함으로 완성하는 것입니다.

그래서 아브라함을 '아브'(아버지)라고 하는 것입니다. 그 이삭과 야곱을 통해, 열두 아들을 통해서 아브라함으로 완성하시겠다는 것입니다.

부자와 나사로의 비유를 살펴봅시다. 부자는 죽어서 음부에 가고 나사로는 죽어서 아브라함의 품에 있게 됩니다. 그리고 둘 사이에는 구렁, 틈이 존재합니다.

그 틈이 의미하는 것은 무엇일까요?

홍해이고 요단입니다. 율법이 가득 채워진 상태를 부자라고 합니다. 나사로는 아브라함의 상태를 의미합니다. 이삭과 야곱을 통해 완성된 아브라함의 상태입니다.

부자는 하데스, 음부에 존재하고 있습니다. '하데스'($\eta\alpha\delta\epsilon\varsigma$)는 '알파'($\alpha\rho\alpha$)와 동사 '에이돈'($\epsilon\tilde{\iota}\delta o\nu$)의 합성어인데, '알파'는 '-이 아니다', '에이돈'은 '보다, 알다, 인식하다'의 뜻입니다. 즉, '하데스'는 '보지 못하고 인식하지 못한다'는 뜻입니다.

다시 말해, 진리를 깨닫지 못하는 상태가 음부입니다. 히브리어에서는 '쉐올'이라는 단어를 씁니다. '쉐올'은 '샤알'에서 왔습니다. '샤알'은 '질문하다, 묻다'를 뜻합니다. 음부의 상태에 있다고 하는 것은 질문이 많은 상태를 가리킵니다.

왜 질문이 많을까요?

진리를 알지 못하기 때문입니다. 하나님의 말씀을 깨닫지 못하기 때문에, 하나님을 모르기 때문에 궁금증이 많은 것입니다. 하지만, 하나님의 의식으로 바뀌게 되면 이 질문들은 모두 없어집니다.

그래서 부자와 나사로는 완전히 다른 삶을 살게 됩니다. 부자는 하데스, 곧 하나님을 인식하지 못하는 상태로 살게 되지만 나사로는 하나님을 알고 경험하는 아브라함의 품에 있는 상태를 살게 됩니다. '나사로'는 '도움'이라는 뜻입니다. 하나님의 도움으로, 하나님의 은혜로 하나님을 보고 알고 경험하게 됩니다. 이것이 하나님이 아브라함에게 주려는 복, 우리에게 주시려는 복입니다.

복은 '바라크'라는 단어를 씁니다. '바라크'는 성경에 300번 이상 나오는 단어입니다. 그만큼 하나님은 우리에게 복 주시기를 원합니다.

그런데 '바라크'가 무엇입니까?

'바라크'는 하나님의 말씀이며 하나님 자신입니다. 하나님의 의식, 우리는 이것만 원해야 하는 것입니다.

이 땅에 살면서 하나님께 받기를 원해야 하는 복은 하나님을 향한 열망입니다. 하나님의 말씀이라는 복을 통해 하나님께 온전히 엎드리고 경배하는 하나님의 의식으로 내가 완전히 바뀌어버리는 것, 하나님의 의식으로 살게 되는 것, 이것이 복입니다.

하나님의 의식으로 살면서 느끼고 생각하고 만들어가는 모든 의미를 복이라고 합니다. 그렇지 않으면, 우리는 옛 의식이 만들어 놓은 의미들 속에서 살게 됩니다.

　모든 사람이 이렇게 살고 있습니다. 열심히 일해서 돈도 많이 벌고 공부도 잘해서 좋은 곳에 취직하고 결혼하는 것이 행복이라고 생각합니다. 하지만, 하나님께서 주시려는 복은 이런 것이 아닙니다. 이것은 옛 의식 가운데서 우리가 바라고 추구하는 복입니다.

　하나님은 우리 의식을 하나님 의식으로 완전히 바꿔 버리십니다. 우리 의식이 바뀌면 살아가는 의미 자체가 완전히 달라집니다. 이것이 율법이 죽는 것입니다. 율법은 이 세상의 체계와 질서입니다. 하나님의 질서와 체계가 만들어졌기 때문에 율법은 죽는 것입니다.

새들도 땅에 번성하라

　말씀을 보면 새(오프)가 나옵니다. '오프'는 하늘의 궁창 위에 존재하고 있습니다. 하늘의 궁창 표면 '위에'(알 프네이)라는 단어가 사용됩니다. '파님'은 '표면, 얼굴'입니다.

　'궁창'은 '언약궤'입니다. 언약궤의 표면에는 두 천사가 서로 날개를 맞대고 있습니다. 이곳을 '속죄소, 시은좌'라고 합니다. '날개'는 우리의 죄를 덮어 버리는 하나님이 보호하심을 의미한다고 했습니다. 따라서, 속죄소는 하나님의 은혜의 자리입니다.

　　내가 속죄소에서 너를 만나 줄게.

그래서 성경은 새(오프)가 날개가 있다고 합니다. 언약궤 뚜껑, 즉 속죄소를 설명하고 싶은 것입니다. 하나님께서 우리 죄를 덮어 버리시고 우리 죄를 가리는 것이 다섯째 날입니다. 그리고 하나님은 우리를 정결하게 만드실 것입니다.

한편으로 새는 하늘을 납니다. 멀리 볼 수 있고 눈이 발달해서 자세한 것까지 보게 됩니다. 말씀에 나온 새는 땅 안에, '바아레쯔'에 사는 존재, 땅 안에서 번성해야 하는 존재입니다. 땅(에레쯔)은 '확고하다'는 뜻입니다. 하나님께서 복을 주시면 우리 안에서 믿음이 확고해 집니다. 하나님이 우리에게 주시는 말씀을 통해서 우리 마음 땅이 만들어집니다. 이 땅, 곧 '에레쯔'는 여섯째 날로 넘어가면 마른땅, '얍바샤'가 됩니다. 마른 땅은 물이 존재하지 않는, 율법의 말들이 없어진 땅입니다. 비진리의 말이 없어질 때 땅이 온전히 드러나게 되고 우리 안에 믿음이 확고해 집니다. 그래서 이 새는 땅의 안에 존재하는 것입니다.

나팔절

창세기 다섯째 날은 일곱 절기 중 나팔절과 연결해서 생각해 볼 수 있습니다.

성경에서 '나팔절'은 나팔을 불어 기념할 날입니다. 유대인들은 이 '나팔절'을 '로쉬 하샤나'(새해)로 지킵니다. '로쉬'는 '머리, 시작'이고, '샤나'는 '계속 변하다, 새롭게 시작되다'라는 뜻입니다. 나팔을 불어서 새해가 되었음을 알리는 것입니다.

여기서 '나팔'은 '말씀'입니다. 첫째 날, 둘째 날, 셋째 날, 넷째 날을 통과한 사람들로부터 나오는 말씀, 방언이 통변되고, 통변이 예언이 되어 나오는 말씀, 베드로의 설교입니다.

'나팔을 분다'라는 것은 '말씀을 선포하고 전하다'라는 의미입니다. 예언을 통해 말씀을 간직하고 그 말씀으로 충만하게 되는 것이 넷째 날 빛을 간직하는 것입니다. 빛을 간직하면 내 안에 날, '욤'이 만들어 집니다. 그리고 해가 만들어 집니다. 새로워지는 것입니다.

따라서, '나팔절'은 전하는 자를 통해서 말씀을 받고 내 안에 새해가 시작되는 것을 의미합니다.

마음이 청결한 자는 복이 있나니

창세기 일곱째 날은 첫 번째 복을 제외한 팔복과도 연결해 볼 수 있습니다. 팔복 중 다섯 번째 복은 "마음이 청결한 자는 복이 있나니 그들이 하나님을 볼 것이며"(마 5:8)입니다.

다섯째 날을 살고 있는 사람은 베드로가 설교한 것처럼 말씀을 계속 전해야 합니다. 내 안에 말씀의 통로가 열려서 말씀이 나오기 때문입니다. 그 말씀을 전하면 전할수록 내 마음이 청결해집니다.

> 우리가 우리에게 죄 지은 자를 사하여 준 것 같이 우리 죄를 사하여 주시옵고 (마 6:12).

  이 구절도 같은 맥락입니다. 다른 사람들에게 말씀을 전할수록, 즉 죄 사함을 전달할 수록, 내 죄가 사함을 받습니다. 우물물을 퍼내면 퍼낼수록 더 깨끗해지고 더 많은 물이 나오듯, 말씀을 전하면 전할수록 내 안에 말씀이 더 깨끗해지고 더 많이 나오게 됩니다.

  이것을 통해서 하나님께서는 우리의 의식을 바꿔 버리기를 원하십니다. 더 정결하고 깨끗한 존재로 만드시는 것입니다. 그만큼 내가 하나님을 보게 됩니다. 하나님을 알고 경험하게 됩니다. 정결해질수록, 내 의식이 죽을수록, 하나님의 의식으로 충만하면 충만할수록 내가 하나님을 아는 것입니다.

  환상을 통해서 하나님을 봤다고 해서 하나님을 본 것이 아닙니다. 어떤 음성을 들었다고 하나님을 아는 것이 아닙니다. 말씀이 들려지고 말씀이 깨달아져서 내가 하나님을 경험하는 것입니다. 하나님을 인식하고 하나님의 존재를 알게 되는 것입니다. 내 의식이 변화된 만큼 하나님을 알고 있는 것입니다. 내가 아직도 율법 가운데 있고, 옛 의식 가운데 있다면 하나님을 전혀 알지 못하는 것입니다.

  의식이 바뀌어 가는 것이 우리의 큰 기쁨과 즐거움입니다. 의식이 변화되어 하나님을 아는 것, 이것을 위해서 살아가야 합니다. 그렇다면 오늘을 사는 우리의 마음가짐은 달라질 것입니다.

"마음이 청결한 자는 복이 있나니, 하나님을 볼 것임이요"라는 복을 받고 있다면, 창세기 다섯 째 날을 살고 있다면 내 안에 있는 것을 열심히 전해야 합니다. 이는 목사만 하는 일이 아닙니다. 믿음의 길을 가는 우리 모두 해야 할 일입니다. 전하면 전할수록 내가 더 정결해지고 깨끗해져서 창세기 다섯째, 여섯째 날을 살게 됩니다.

다섯째 날의 의미

다섯째 날은 두 가지를 같이 생각해야 합니다.

첫째, '넷째 날을 통과한 자들이 다섯째 날을 산다'라는 것은 말씀을 전하는 것입니다.
둘째, '말씀을 받은 자들에게 다섯째 날'은 사실 둘째 날이라는 것을 생각해야 합니다.

우리 겉사람은 다섯째 날을, 속사람은 둘째 날을 사는 것입니다. 이는 우리 의식이 어떻게 변화되고 있는지를 설명합니다.

우리 의식은 처음에 '네페쉬 하야'(생물)에서 시작합니다. 바닷물 안에 있는 '네페쉬 하야'들이 여섯째 날에 '땅의 짐승'으로 바뀌게 됩니다. 성경은 이것을 의식이 바뀌었다고 합니다.

저녁이 되고 아침이 되니

23절에 보면 "저녁이 되고 아침이 되니"라고 하는데, 이는 또 한 꺼풀을 벗는 것입니다. 겉사람의 껍질을 또 한번 벗기고 드러내시는 것입니다. 벗겨지고 드러나는 만큼 우리 겉사람이 죽었다는 것입니다. 그래서 "저녁이 되고 아침이 되니"라는 말이 나오면, '아, 이제 또 나의 겉사람이 죽었구나, 그리고 그만큼 속사람으로 내가 충만해지고 있구나'라고 생각하면 됩니다.

이는 다섯째 날이니라

하나님은 나를 '욤 하미쉬'라고 말씀하십니다. '낮', 곧 '욤'을 사는 것은 하나님의 시간을 살고 있는 것입니다. '하미쉬'라는 단어는 하나님의 시간을 사는 자가 어떠한 일들을 해야 되는지를 보여줍니다. '하미쉬'는 헤트(ח), 멤(מ), 유드(י), 쉰(ש)이 쓰입니다. '헤트'(ח)는 '분리'입니다.

넷째 날에 빛을 넘겨주어서 하나님의 시간이 시작되는 것입니다. 낮(욤,יום)의 날이 시작된 것입니다. '멤'은 '말씀', '유드'는 '주다', '쉰'은 '불'입니다. 내 안에 있는 말씀을 주시고 그 불이 계속 탈 수 있도록 기름 부음을 주면 내 안에 불이 계속 타오르게 됩니다. 이것이 '하미쉬'입니다.

우리의 사역은 두 가지입니다. 우리 안에 있는 빛을 넘겨주는 것과 그 불이 꺼지지 않도록 말씀을 계속 공급하는 것입니다. 불이 꺼지지 않고 타오를 수 있게 하는 것입니다.

다섯 째 날을 살고 있는 우리 모두에게 바라크의 복이 임해야 합니다. 우리 의식이 변화되고 하나님의 의식으로 계속 바뀌어 가는 것, 내가 하나님을 아는 만큼 하나님을 보는 것임을 깨달으시길 소원합니다.

제11장

여섯째 날[1]: 말씀을 안에 담고 땅에서 살다

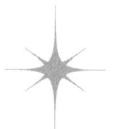

1:24 하나님이 이르시되 땅은 생물을 그 종류대로 내되 가축과 기는 것과 땅의 짐승을 종류대로 내라 하시니 그대로 되니라

וַיֹּאמֶר אֱלֹהִים תּוֹצֵא הָאָרֶץ נֶפֶשׁ חַיָּה לְמִינָהּ בְּהֵמָה וָרֶמֶשׂ וְחַיְתוֹ־אֶרֶץ לְמִינָהּ וַיְהִי־כֵן:

1:25 하나님이 땅의 짐승을 그 종류대로, 가축을 그 종류대로, 땅에 기는 모든 것을 그 종류대로 만드시니 하나님이 보시기에 좋았더라

וַיֹּאמֶר אֱלֹהִים נַעֲשֶׂה אָדָם בְּצַלְמֵנוּ כִּדְמוּתֵנוּ וְיִרְדּוּ בִדְגַת הַיָּם וּבְעוֹף הַשָּׁמַיִם וּבַבְּהֵמָה וּבְכָל־הָאָרֶץ וּבְכָל־הָרֶמֶשׂ הָרֹמֵשׂ עַל־הָאָרֶץ:

첫째 날과 둘째 날의 결과물이 셋째 날입니다. 씨 가진 열매는 빛과 말씀의 근원이 존재한다는 뜻입니다. 씨 가진 열매가 있는 사람은 넷째 날의 빛을 넘겨주는 일을 하게 됩니다. 넷째 날에 빛(씨)을 넘겨주었기 때문에 다섯째 날에는 씨가 자랄 수 있도록 물(말씀)을 공급합니다.

그래서 그 말씀을 받은 자들은 다섯째 날을 사는 동시에 둘째 날을 살게 되는 것입니다. 그 말씀은 밖에서 들리는 말씀이기 때문입니다. 그러므로 다섯째 날의 생물들은 바닷물 안에 사는 생물들입니다.

다섯째 날 짐승과 여섯째 날 짐승의 차이

여섯째 날에는 기는 것과 땅의 짐승이 나옵니다.

다섯째 날의 생물들과 여섯째 날 생물들의 차이점이 무엇일까요?

다섯째 날과 여섯째 날의 생물들 모두 살아 있지만, 어디에 살고 있느냐가 다릅니다. 다섯째 날 생물은 바닷물 안에, 여섯째 날 생물은 땅에 살고 있습니다. 즉, 다섯째 날에는 말씀이 밖에 있었고 여섯째 날에는 말씀이 안에 존재한다는 것입니다.

진화생물학자들은 바다 생물들이 진화해서 뭍으로 올라와 땅의 생물이 되었다고 합니다. 바다 생물들은 물이 피부 바깥에 존재하고, 땅의 생물들은 물을 피부에 간직하게 됩니다. 물을 안에 간직할 수 있었기 때문에 물 밖으로 나올 수 있는 것입니다.

이것을 영적인 관점으로 생각해 봅시다. 다섯째 날의 생물들에게 말씀은 밖에 존재하고 있습니다. 처음에는 우리 안에 불을 간직하게 됩니다. 그 불이 꺼지지 않고 계속 타오르려면 기름을 공급 받아야 하는데, 먼저는 밖에서 들리는 말씀이 기름 부음으로 임하게 됩니다. 밖에서 들리는 말씀을 바닷물이라고 합니다. 바닷물을 통해 내 안에 있는 불이 꺼지지 않고 타오르게 됩니다.

그래서 엠마오로 가는 제자들이 예수의 말씀을 들었을 때 그들의 마음이 뜨거워진 것입니다. 십자가의 죽음을 통해서 예수의 생명이 제자들 안에 간직되고, 예수의 말씀이 밖에서 들리는 말씀으로써 제자들 안에 기름 부음으로 임했기 때문입니다. 우리도 말씀을 들을 때 마음이 뜨거워집니다. 우리 안에 예수의 생명, 불을 간직하고 있기 때문입니다.

예수의 본질은 '불'입니다. 예수는 히브리어로 '예슈아'라는 단어를 사용하는데 어원은 '야샤'입니다. '야샤'는 '구원하다'라는 뜻입니다. 우리가 구원을 받았다는 것은 우리 안에 예수의 생명(빛)이 내 안에 간직되었다는 것입니다. 예수는 그 구원을 이루기 위해 우리의 안에 예수의 생명(빛)을 넘겨주시는 것입니다.

여섯째 날의 생물들은 말씀을 안에 가지고 있습니다.

창세기 둘째 날에 궁창이 만들어집니다. 궁창은 언약궤, 바로 두 돌판입니다. 말씀의 근원이 내 안에 존재하는 것입니다. 다시 말해, 성령이 내 안에 임하심으로 말씀의 근원이 내 안에 존재하는 상태를

'궁창'이라고 하며, 하나님은 '궁창'을 하늘이라고 부르십니다.

여섯째 날의 생물들은 궁창이 안에 존재하기 때문에 셋째 날을 동시에 살고 있는 것입니다. 전에는 밖에서 말씀을 들었지만 이제는 들려진 말씀을 내 안에 있는 말씀으로 다시 해석하게 된다는 것입니다.

여섯째 날의 생물의 상태에 있는 사람들은 무엇을 경험하게 될까요?

어느 순간부터 밖에서 들리는 말씀이 내 안에서 들리게 됩니다. 외워서 깨달아지는 것이 아니라, 내 안에서 말씀이 들려집니다. 내 안에서 말씀이 깨달아지고 그 말씀들이 연결됩니다. 내 안에서 계속 깊어지는 것입니다. 더 많은 말씀이 들리고 더 많이 깨닫게 됩니다. 내 안에 생수(말씀의 근원)가 존재하고 있기 때문입니다. 통로가 열려서 나에게 말씀이 들려지는 것입니다. 지성소를 막고 있던 휘장이 갈라져 지성소에 있던 말씀이 성소로 나오게 되는 것입니다.

가축과 기는 것과 땅의 짐승

처음에 나오는 단어는, '야짜'입니다. '야짜'는 '나아가다, 진행하다'라는 뜻입니다. 다섯째 날의 생물에서 여섯째 날의 생물로 바뀌는 것을 설명합니다.

우리의 상태에 관해 생각해 봅시다. 처음 상태는 어둠입니다. 창세기 1장 2절에서 '호쉐크'라고 합니다. 어둠 가운데 있던 우리에게 하나님의 빛이 비춰집니다. 그리고 그 빛을 우리 안에 간직하게 되면 생물, 곧 '네페쉬 하야'입니다. 이 '네페쉬 하야'는 바닷물 안에 존재하다가 땅에 존재하게 됩니다. 아랫물 안에 존재하던 다섯째 날의 생물이 여섯째 날의 생물로 '야짜' 합니다. 나아가고, 진행하고, 변화됩니다.

그리고 '베헤마'라는 단어가 나옵니다. 성경은 '베헤마'를 '가축'으로 번역했습니다. 소, 양, 염소, 낙타 등을 가축이라고 합니다. 들짐승을 데려다가 기르면서 가축이 되는데, '가축'은 '복종, 순종, 길들여지는 것'을 의미합니다.

그런데 '순종'에 대해 착각하고 오해하는 부분들이 있습니다. 하나님의 명령을 지키는 것을 하나님을 향한 '순종'이라고 생각합니다. 613가지 율법 리스트를 만들고, 해야 할 것과 하지 말아야 할 것을 나눕니다. 말씀을 법으로 보고, 힘써 지키려고 합니다. 옛 의식으로 말씀을 보기 때문에 하나님의 말씀이 법으로 보입니다.

하지만, 하나님의 말씀은 선과 악, 혹은 해야 할 것과 하지 말아야 할 것으로 나눌 수 없습니다. 하나님의 말씀은 전체가 복음입니다. 그 복음을 볼 수 있어야 합니다.

하나님은 우리가 그분의 마음과 뜻을 이해하기를 원하십니다. 하나님에 대한 순종은 내가 어떤 행위를 해서 되는 것이 아니라, 우리의 의식이 하나님의 의식으로 바뀔 때 가능한 것입니다. 옛 의식

(선악의 지식)으로 살던 우리가 하나님의 말씀으로, 하나님의 의식으로 바뀌어 가는 것입니다. 그러면 하나님이 누구신지, 그 하나님을 위해서 내가 무엇을 해야 하는지, 하나님의 뜻이 무엇인지 알게 됩니다.

진정한 순종은 나의 옛 의식이 죽고 하나님의 의식으로 살아가는 것을 말합니다. 하나님의 의식으로 보면 성경 말씀이 무엇을 의미하는지 알게 됩니다. 그런데 어떤 사람은 이렇게 말합니다.

> 훈련을 받아야 합니다. 훈련을 통해서 우리가 하나님께 진짜 순종할 수 있습니다.

하지만, 아무리 훈련을 받고 큐티를 열심히 한다고 한들, 옛 의식이 하나님의 의식으로 바뀌지 않습니다. 오히려 우리의 옛 의식이 율법으로 더 단단하게 굳어집니다. 말씀을 보면서 하나님의 말씀을 선과 악으로 나누게 됩니다.

이러한 행위가 아니라, '본질'(예수 그리스도)이 우리를 순종하게 합니다. 우리 안에 예수 그리스도께서 존재할 때, 그 예수 그리스도가 우리를 바꿔 가시는 것입니다. 그 이름(쉠)이 우리 옛 의식을 죽이고 우리를 하나님의 의식으로 충만하게 만들어 가십니다. 이것이 가축이며 '순종'입니다.

'베헤마'라는 단어의 어원은 '침묵하다'입니다. '베헤마'는 말 못하는 짐승입니다.

왜 말을 하지 못할까요?

셋째 날을 살고 있기 때문입니다. '베헤마'가 말하기 위해서는 넷째 날로 넘어가야 합니다.

셋째 날에서 넷째 날로 넘어갔다는 것은 요단을 건넌 것입니다. 내 안에 오순절이 시작된 것입니다. 성소와 지성소를 막고 있는 통로가 열린 것이고 이 통로로부터 말씀이 나오게 됩니다. 이것이 방언입니다. 나오는 말씀이 깨달아지는 것이 통변이며, 깨달아진 말씀을 전하는 것이 예언입니다. 베드로의 설교가 예언입니다. 말 못하는 짐승이었던 제자들이 오순절을 지나고 말씀을 전하게 되는 것입니다.

이어서 '레메스'라는 단어가 나옵니다. '레메스'는 '땅에 기는 짐승'이라고 번역되었는데, '라마스'에서 온 단어입니다. '라마스'는 '움직이다'라는 말인데, 움직인다는 것은 살아 있다는 말입니다. '라마스'는 다섯째 날 생물에 관해 이야기할 때 나오는 단어입니다.

하나님께서 그 '네페쉬 하야'를 향해 바닷물에서 '생육하고 움직이라, 번성하라'고 하십니다. 내 안에 예수의 생명(빛)이 존재하고 있을 때, 내가 살아 있음을 알게 됩니다. 예수가 내 안에 있기 때문에, 나는 '네페쉬 하야'입니다. 살아 있는 것입니다.

> 어, 내 마음에 불이 타고 있다. 말씀이 기름 부음으로 임할 때 더 뜨겁게 타는구나.

이 불을 통해서 내가 살아 있는 존재라는 것을 인식하는 것입니다. 이 불이 없다면 나는 죽은 존재입니다.

이것은 교회를 다닌 기간이나 직분과 무관합니다. 내가 살아 있는 존재임을 인식하고 나서 나의 의식이 변하고 있는 것을 알게 되는 것입니다. 먼저는 밖에서 들려오는 말씀으로, 또 여섯째 날의 생물들은 안에서 이 말씀이 들려지고 깨닫게 됩니다.

> 어, 밖에서 들려지는 말씀이 내 안에 있는 말씀으로 다시 해석되어서 그것을 깨닫고 있구나, 그것을 경험하고 있구나.

이것을 통해 내 안에 생명이 있음을 알게 됩니다. 성경은 '레메스'를 통해서 이 과정들을 우리에게 보여주시는 것입니다.

성경은 '레메스'를 '기어다니는 것, 파충류'라고 번역합니다. 기어다니는 것들은 걷지 못합니다.

언제부터 걸을 수 있을까요?

오순절이 와야 걸을 수 있습니다.

오순절이 지나고, 베드로가 성전 미문 앞에 앉아 있던 앉은뱅이를 일으킵니다. 걷는다는 것은 하나님의 말씀을 전하게 된다는 의미입니다. 오순절이 와야 하나님의 일을 할 수 있게 되는 것입니다.

그리고 짐승, '하이'라는 단어가 나옵니다. '하이'는 땅(에레츠)에 존재합니다. '에레츠'는 광야를 가리킵니다.

이스라엘에 있을 때 개인적으로 제일 좋아했던 장소가 광야였습니다. 광야에는 '황량함, 쓸쓸함'이 있습니다. 나의 겉사람을 보고 있는 것 같은 느낌을 받습니다.

　광야는 어떤 곳입니까?

　우리의 겉사람이 죽는 곳입니다. '아사셀의 염소'는 우리 겉사람의 죽음을 이야기합니다. 광야에는 많은 연단이 있지만, 그럼에도 불구하고 하나님의 보호하심도 있는 곳입니다. 하나님께서 우리를 지키고 보호하시어 겉사람의 죽음을 경험하는 곳이 광야입니다. '에레츠'는 확고하다는 뜻입니다. 광야에서 연단을 통해 우리 안에서 믿음을 확고하게 만드십니다. 이것이 땅의 짐승이 의미하는 바입니다.

　창세기를 보면, 모든 사건이 복음을 설명하고 있음을 알게 됩니다. 창세기 4장에는 가인과 아벨 사건이 나옵니다. 이 사건도 복음을 설명합니다. 아벨은 '헤벨'이라는 단어를 사용하는데, '숨, 호흡, 안개, 수증기, 헛됨'이라는 뜻이 있습니다. '헤벨'은 예수를 의미합니다. 가인에 의해서 죽으려고 온 것이 '헤벨'입니다. '헤벨', 곧 예수는 죽음으로 우리에게 생명을 주시고 호흡을 주십니다.

　'헤벨'은 '안개, 수증기'라는 뜻이 있다고 말씀드렸습니다. '수분이 있음'을 시각적으로 볼 수 있는 것이 안개입니다. '안개'를 통해서 '아, 여기에 물이 존재하고 있구나' 하는 것을 알게 되는데 예수도 마찬가지입니다. 눈에 보이는 하나님, 눈에 보이는 말씀을 통해서 진짜 말씀을 보는 것입니다.

'헤벨'이 성전 뜰(사데)에서 가인에 의해서 죽고 다음에 셋이 옵니다. 셋은 '셰트'라는 단어를 사용합니다. '셰트'는 '-을 세우다'라는 뜻입니다. 결국, 헤벨이 죽고 셋에 의해서 다시 세워지는 것입니다. 첫 번째 농부가 죽고 다른 농부에 의해서 열매를 맺게 되고, 그 열매를 드릴 수 있다는 것입니다.

셋이 낳은 아들은 에노스, '에노쉬'입니다. '에노쉬'는 '사람'이라는 뜻으로 '아담'과 같은 의미를 가집니다. 여섯째 날의 아담, 자카르와 네케바의 연합 즉 그리스도와 내가 연합된 아담이 '에노쉬'입니다.

이렇게 '에노쉬'의 상태가 되었을 때 마침내 사람들이 여호와의 이름을 불렀다고 합니다. '여호와'는 '그가 존재한다'는 말입니다. 여호와가 내 안에 이름으로 존재하는 것입니다. 이름은 '쉠'입니다. 그 이름을 내 안에 간직했을 때 비로소 여호와의 이름을 불렀다고 합니다. 내 안에 있으니까 부르는 것입니다. 없으면 부를 수 없습니다.

땅의 짐승(하이), 기는 것(레메스), 가축(베헤마)는 노아의 홍수에 나옵니다. 창세기 6장에서 9장까지의 내용입니다. 창세기 11장에 바벨탑 사건이 나옵니다. 창세기 12장부터 창세기 50장 까지 아브라함과 이삭과 야곱과 그의 열두 아들이 나옵니다. 이들을 통해서 복음이 무엇인지 설명합니다.

창세기 6장-9장, 11장에서 기는 것(레메스)과 가축(베헤마)을 나누고, 가축(베헤마)을 정결한 가축과 부정한 가축으로 나눕니다.

그때는 무엇이 지배하는 상태일까요?
네피림이 지배하는 시대입니다.

> 이것이 노아의 족보니라 노아는 의인이요 당대에 완전한 자라 그는 하나님과 동행하였으며 (창 6:9).

'당대의 의인'이고 '완전한 자'라는 것은 무슨 의미일까요?
죄가 없고 거룩한 것일까요?
깨끗한 것일까요?

아닙니다. '당대'는 네피림이 지배하는 시대입니다. 성경은 네피림을 '호쉐크'라고 합니다. 어둠입니다. 이때 하나님의 아들들이 사람의 딸들의 아름다움을 보고 낳은 자식을 '네피림'이라고 합니다. 이것을 오해하면 하나님을 믿는 사람들이 하나님을 믿지 않는 사람들과 결혼해서 타락한 것이라고 생각할 수 있지만, 그런 의미가 아닙니다.

하나님의 아들들은 셋째 날의 씨 가진 열매(속사람)의 상태, 사람의 딸들은 겉사람의 상태입니다.

셋째 날에는 간음의 상태를 드러내는 것이기 때문에, 여전히 우상이 존재하고 우상을 만들게 됩니다. 그 우상을 통해 인식하는 하나님이 '네피림'입니다. '네피림'은 율법 안에 있는 상태를 의미합니다. '네피림'은 '팔랄'이라는 단어에서 왔습니다. '팔랄'은 '-에서 떨어지다'라는 뜻입니다. '연합되지 않은 것', 곧 하나님과 연합되어 있지 않고 떨어진 상태를 '죄'라고 합니다.

다시 말해, 우리의 옛 의식으로 살고 있는 상태를 '네피림'이라고 하는 것입니다. 이 '네피림'의 시대에 있는, '네피림'의 상태에 있는 노아가 당대의 의인이자 완전한 자가 될 수 있는 것은 하나님의 은혜를 입었기 때문입니다.

은혜는 '헨'이라는 단어를 씁니다. 첫째 날에 빛이 내 안에 비춰져서 빛과 어둠이 나눠지게 되고, 그 빛을 내 안에 간직했을 때를 '헨'이라고 합니다. 이것이 은혜입니다.

우리는 전부 '네피림'(우상)으로 시작한 존재이기 때문에, 하나님의 은혜가 임해야 하는 것입니다. 원래 우리는 율법 안에 있었는데, 그런 우리에게 하나님의 은혜, '헨'이 임하게 됨으로써, 내 안에 생명을 간직하게 되었을 때, 하나님께서 "너 의로워, 너 완전한 자야"라고 말씀을 하시는 것입니다.

하나님께서 방주를 만들라고 하십니다. 방주는 '테바'라는 단어를 사용합니다. 방주 안에는 물이 존재하지 않습니다. 즉, '테바'는 광야와 같습니다. 하나님께서는 가축들과 땅에 기는 것들을 방주 안으로 보내십니다.

방주 안에는 가축, 곧 '베헤마'가 타고 있습니다. 정한 것과 정결하지 않은 것이 타고 있습니다. 정한 것은 우리의 속사람, 정결하지 않은 것은 우리의 겉사람을 이야기합니다. 정결한 것과 부정한 것을 나누는 기준은 '굽이 갈라졌느냐, 되새김질을 하느냐'입니다.

부정하다는 것은 어두움 가운데 있다는 말입니다. 빛과 어둠이 나뉘지 않은 상태로, 어둠 가운데 존재하고 있는 것입니다. 하나님의 말씀이 들리지 않는 상태입니다.

한편, 밖에서 들린 말씀이 내 안에서 해석되는 것을 '되새김질'이라고 합니다. 그런데 우리가 겉사람으로 존재한다면 되새김질이 이루어지지 않습니다. 이 상태를 성경은 부정하다고 말합니다.

그러므로 우리는 정한 짐승과 부정한 짐승을 동시에 살고 있습니다. 낮과 밤을 동시에 살고 있는 것입니다. 그런데 하나님께서는 방주를 통해서 부정한 짐승을 정한 짐승으로 바꾸어 가십니다.

그러므로 방주에서 내렸을 때 그 짐승을 번제로 드리게 됩니다. 번제로 드린다는 것은 '내가 죽었다'는 것, 정결한 짐승이 되었다는 것입니다. 정결한 짐승이 아니면 제물로 드릴 수 없기 때문입니다.

번제를 드린 후에는 언약을 맺습니다. 그 언약의 표징으로 하나님께서 무지개를 주십니다. 그런데 무지개가 만들어지려면 두 가지 조건이 있어야 합니다. 물과 빛입니다. 빛이 물에 반사되어서 여러 길이의 파장으로 나오고, 우리는 그것을 일곱 가지 색깔로 봅니다. 무지개, 그 언약의 증거를 주시는 이유는 우리 안에 빛과 말씀이 존재하고 있음을 보게 하시기 위함입니다. 빛과 말씀이 존재하고 있으면 그 증거들이 나올 수밖에 없습니다. 무지개로 드러날 수밖에 없다는 것입니다. 그것이 언약입니다.

그 후에 하나님께서 노아에게 포도주를 주십니다. 포도주는 '생명, 피, 내 안에 있는 말씀'입니다. 포도주를 통해 노아의 벗었음이 드러납니다. 노아의 부끄러움이 드러나는 것입니다.
 이렇게 하나님께서는 우리를 완전히 발가벗기십니다.

> 이게 너의 진짜 모습이야, 이게 너라는 존재야.
> 옛 의식이 만들어 놓은 환상 가운데 살고 있는 너의 진짜 모습이야.

 이것을 보여주십니다. 우리가 보는 이 세상은 실재하는 세상이 아니라, 우리의 뇌와 의식이 보정해 놓은 가상의 세계입니다. 우리가 보는 것이 실제 이런 모습은 아닙니다.
 예를 들어, 모든 사물은 색깔을 가지고 있는 것처럼 보이지만, 사물들에 색이 있는 것은 아닙니다. 사물은 원자로 구성되어 있고 원자에는 색이 존재하지 않습니다. 다만, 우리의 뇌가 빛이 반사되어 나오는 파장의 길이에 따라서 빨간색 혹은 노란색 등으로 인식하는 것뿐입니다. 우리의 뇌가 이 세상을 보정해 놓은 것입니다.
 그러면 어떻게 실체를 볼 수 있을까요?
 우리의 옛 의식은 죽고 하나님의 의식으로 봐야 합니다. 하나님의 의식으로 보는 세상만이 진짜 세상이며, 그렇게 보는 하나님이 실재하는 하나님입니다. 옛 의식으로 보는 하나님은 우상입니다. 하나님의 의식으로, 하나님의 영으로, 하나님의 말씀으로 볼 때만, 진짜 존재하는 하나님을 볼 수 있습니다.
 하나님께서 포도주를 통해서 우리의 부끄러움을 드러내십니다. 보여주시는 것입니다. 이게 실제 우리의 모습이며 우리가 가지고 있는 의식을 통해 스스로 의미를 만들어 내며 살았음을 깨닫게 해주시는 것입니다.

'함'을 통해서는 부끄러움을 가릴 수 없습니다. '함'은 '뜨거움, 열정, 열심, 노력'입니다. 나의 열심과 노력으로는 절대로 그 부끄러움을 가릴 수 없다는 것입니다.

무엇으로 가려야 할까요?

'셈'과 '야벳'입니다. '셈'은 이름입니다. 이름은 '쉰'(ש)과 '멤'(ם), 즉 '빛과 말씀'입니다. 불과 물이 내 안에 존재하고 있어야 합니다. '야벳'은 확장입니다. 하나님의 것, 본질이 내 안에서 확장되어 나를 덮어 버릴 때 비로소 부끄러움이 없는 존재가 되는 것입니다. 이것을 '그리스도로 옷 입는다'라고 합니다. 하나님께서 우리를 옷 입혀 주시는 것입니다.

노아는 '안식, 휴식'이라는 뜻입니다. 노아가 진짜 안식과 휴식을 얻기 위해서는 셈과 야벳을 통해서 옷을 입어야 합니다. 그 부끄러움이 가려졌을 때, 노아에게 진짜 안식이 있고 쉼이 찾아옵니다.

창세기 11장에 바벨탑 사건이 나옵니다.

바벨탑 사건은 무엇을 의미하는 것일까요?

하나님께서 "내가 너희들을 지면에서 흩어 버리겠다"(창 1:7)라고 하십니다. 흩어 버린다는 것은 산산조각 내는 것, 곧 옛 의식의 상태에 있는 우리를 완전히 파괴해 버릴 것이라는 의미입니다.

창세기의 바벨이라는 단어가 요한계시록에서는 바벨론으로 나옵니다. 바벨과 바벨론은 같은 단어입니다. 요한계시록에서 일곱 나팔의 심판을 받고, 일곱 대접의 심판을 받은 후에 바벨론이 망하게 됩니다. 그다음에 새 하늘과 새 땅이 이루어지고 새 예루살렘 성전이 내려옵니다. 반드시 바벨론이 죽어야 하며 바벨은 없어져야 합니다.

바벨이 없어질 때 하나님께서 언어를 혼잡하게 만드십니다. 전에는 율법으로 들었던 말씀이 들리지 않습니다. 옛 의식이 죽었기 때문에 더이상 들리지 않는 것입니다. 이것이 바벨탑 사건입니다.

결국, 네피림에서 바벨탑 사건까지 복음, 곧 우리를 향한 하나님의 계획을 설명해 줍니다.

> 너희 모두는 다 네피림이었지만 내가 방주를 통해서 너희를 인도할 거야. 옷 입은 존재로, 너의 옛 의식이 존재하지 않는 그 상태로 내가 니희를 바꿀 거야.

종류대로

다시 본문으로 돌아와서 '종류대로'라는 단어가 나옵니다. 하나님께서 여섯째 날의 짐승들을 그 상태로 드러나게 하시고 보여주십니다. '베헤마', '레메스', '하이'를 간직한 상태 그대로 여섯째 날의 짐승들이 무엇인지 다 보여주시는 것입니다.

하나님께서 호랑이, 사자, 곰, 여우, 늑대 … 이렇게 종류대로 만든다는 의미가 아닙니다.

그대로 되니라

'하야' 동사가 나오고 '켄'이 나옵니다. 켄은 '확고하다, 확실하다, 분명하다'라는 뜻입니다. 분명히 그렇게 이루어진다는 것, 곧 하나님의 약속입니다. "분명히 내가 너희를 그렇게 만들 거야"라는 그분의 선언입니다.

25절에 '아싸' 동사가 나옵니다. '아싸'는 '하나님의 일하심, 하나님의 노동'을 설명합니다.

> 내가 너희 안에 들어가서 그 일들을 이룰 거야, 내가 일할 거야.

'너희는 내가 일하는 것을 보라'는 것입니다. 결국, 하나님께서 우리 안에 들어오셔서 그 일들을 다 하시겠다는 것입니다. 그러므로 하나님께서 아싸 동사를 계속 쓰시는 것은 "내가 할게, 내가 일할게"라는 그분의 마음을 보여줍니다.

하나님 보시기에 좋았더라

'키 토브'는 '좋음, 선'을 뜻합니다.
하나님 입장에서 무엇이 좋은 것인가요?
무엇이 선입니까?

다섯째 날에 바다 짐승으로 존재했던 우리가, 이제 땅의 짐승인 '베헤마'로 존재할 때, 즉 순종이 이루어졌을 때. 또 '레메스'로 존재하게 될때, 이것이 하나님 보시기에 좋은 상태입니다. 우리가 믿음의 길을 가고 있는 모습을 보면서 하나님께서는 '좋았더라'고 말씀을 하시는 것입니다.

하나님께서 원하신 것입니다. 하나님의 소원입니다.

둘째 날, 또 셋째 날에 살고 있는 바다 짐승으로, 또 땅의 짐승으로 살고 있는 분들은 거기서 온전한 순종이 이루어져야 합니다. 그리고 내가 살아 있음을 경험해야 합니다. 본질이 있음을 확신하게 되실 것입니다. 그렇지 않으면 우리의 믿음은 흔들리게 됩니다. 본질이 존재하지 않으면 우리의 믿음은 추상적이고 허무할 수밖에 없습니다.

첫째 날의 것과 둘째 날의 것, 이 '쉠', 곧 씨 가진 열매가 존재할 때 우리의 믿음은 확고해질 수 있습니다. 이것을 깨닫는 우리 모두가 되기를 소원합니다.

제12장

여섯째 날[2]: 하나님의 형상(쩨렘) 안에서 그리스도와 연합된 아담을 창조하시다

　창세기 첫째 날, 둘째 날, 셋째 날의 결과물을 한마디로 요약하면 '씨 가진 열매'라고 했습니다. '씨 가진 열매'는 내 안에 이름(쉠)이 존재하는 것입니다. 다시 말해, 빛과 말씀의 근원이 존재하는 것입니다.

　이렇게 '씨 가진 열매'를 가진 자들이 넷째 날, 다섯째 날, 여섯째 날에 사역을 합니다. 넷째 날에는 내 안에 있는 빛을 넘겨줍니다. 그 빛을 넘겨받은 사람은 첫째 날을 살게 되며 빛을 간직하게 됩니다. 다섯째 날에는 내 안에 있는 말씀을 넘겨줍니다.

　그 말씀은 그들 안에 기름 부음으로 임하게 되어 불이 꺼지지 않고 계속 타오르게 합니다.

즉, 다섯째 날과 여섯째 날을 산다는 것은 바다 짐승, 새, 땅의 짐승을 기르는 것입니다. 이런 일들을 통해서 어떻게 자카르와 네케바의 연합인 아담이 되는지를 설명합니다.

이제 본문으로 들어가 봅시다.

> 1:26 하나님이 이르시되 우리의 형상을 따라 우리의 모양대로 우리가 사람을 만들고 그들로 바다의 물고기와 하늘의 새와 가축과 온 땅과 땅에 기는 모든 것을 다스리게 하자 하시고
>
> וַיֹּאמֶר אֱלֹהִים נַעֲשֶׂה אָדָם בְּצַלְמֵנוּ כִּדְמוּתֵנוּ וְיִרְדּוּ בִדְגַת הַיָּם וּבְעוֹף הַשָּׁמַיִם וּבַבְּהֵמָה וּבְכָל־הָאָרֶץ וּבְכָל־הָרֶמֶשׂ הָרֹמֵשׂ עַל־הָאָרֶץ:
>
> 1:27 하나님이 자기 형상 곧 하나님의 형상대로 사람을 창조하시되 남자와 여자를 창조하시고
>
> וַיִּבְרָא אֱלֹהִים ׀ אֶת־הָאָדָם בְּצַלְמוֹ בְּצֶלֶם אֱלֹהִים בָּרָא אֹתוֹ זָכָר וּנְקֵבָה בָּרָא אֹתָם:
>
> 1:28 하나님이 그들에게 복을 주시며 하나님이 그들에게 이르시되 생육하고 번성하여 땅에 충만하라 땅을 정복하라 바다의 물고기와 하늘의 새와 땅에 움직이는 모든 생물을 다스리라 하시니라
>
> וַיְבָרֶךְ אֹתָם אֱלֹהִים וַיֹּאמֶר לָהֶם אֱלֹהִים פְּרוּ וּרְבוּ וּמִלְאוּ אֶת־הָאָרֶץ וְכִבְשֻׁהָ וּרְדוּ בִּדְגַת הַיָּם וּבְעוֹף הַשָּׁמַיִם וּבְכָל־חַיָּה הָרֹמֶשֶׂת עַל־הָאָרֶץ:

우리가 사람을 만들고

'아싸'라는 단어가 나옵니다. '아싸'는 '일하다, 노동하다'라는 뜻이 있습니다. 그리고 '우리'라는 단어가 나옵니다. 즉, '우리가 만들 것, 일할 것'이라는 말입니다.

하나님께서 처음으로 '우리'라는 단어를 사용하셨습니다. 이 단어에 대해서 신학적으로도 여러 의견이 있습니다.

삼위일체를 설명하는 건가요?

쉬운 내용이 아닙니다. '우리'를 이해하기 위해서는 창세기 첫째 날과 둘째 날, 셋째 날의 의미를 알아야 합니다.

아브라함과 이삭과 야곱의 하나님은 창세기 첫째 날, 둘째 날, 셋째 날을 의미합니다. 아브라함과 이삭과 야곱의 하나님은 살아 계신 하나님입니다. 즉, 하나님의 의식이 우리 안에서 하는 일을 설명하고 있는 것이 창세기 첫째 날부터 셋째 날의 창조입니다.

창세기 첫째 날에 빛(오르)이 존재하게 됩니다. 예수 그리스도를 아들로 설명합니다. 아들은 아버지의 일을 합니다. 예수는 우리에게 빛(불)을 넘겨주는 일을 합니다. 그 빛(불)을 우리 안에 간직하게 되면, 우리 안에 예수가 계신다고 말할 수 있습니다. 그리고 생수의 근원, 지성소 안에 있는 언약궤 안에 두 돌판이 들어갔다는 것은 말씀의 근원이 만들어진 것을 의미합니다.

다시 말해서, 우리 안에 성령이 임하신 것입니다. 성령은 그리스도의 영입니다. 반석에서 나오는 생수는 그리스도로부터 나오는 말쏨입니다. 성령의 기름 부으심은 그리스도의 말씀이 기름으로 부어지는 것입니다. '그리스도', '마쉬아흐'는 기름 부음입니다.

　결국, 우리 안에 불을 던져서 우리가 그 빛을 간직하고 기름 부음이 우리 안에 임해서 그 말씀으로 우리를 덮어 버리는 과정을 설명하는 것이 예수 그리스도, 그리스도 예수입니다.

　이런 일이 우리 안에서 일어난다고 하는 것은 하나님이라는 공통 분모가 내 안에 존재하고 있음을 의미합니다. 하나님과의 연합입니다. 그래서 '우리'라는 단어를 쓰는 것입니다.

　'아싸'는 '일하다, 노동하다'입니다. 예수 그리스도께서 우리 안에서 아버지의 일을 하시는 것입니다. '아담'을 만들기 위해서 노동하시는 것입니다.

우리의 형상을 따라 우리의 모양대로

　창세기 1장 26절에 '아담'이 처음 나왔습니다.
　'아담'은 무엇을 이야기할까요?
　뒤에 있는 단어들이 '아담'이 어떤 존재인지 설명합니다. 바로 '쩰렘'과 '데무트'입니다. '쩰렘'은 '형상'으로 번역되었으며 앞에 전치사 '베이트'(ㄱ)가 나오는데 '-안에서'라는 뜻입니다. '데무트'는 '모양'으로 번역되었고, 앞에 전치사 '카프'(ㄱ)가 나옵니다. '카프'는 '-처럼'이라는 뜻입니다. 그래서 '우리의 형상과 모양으로'라는 말을 직역하면 '우리의 형상 안에서, 우리의 모양처럼'으로 번역할 수 있습니다.

형상과 모양은 무슨 의미일까요?

형상(쩰렘)은 영어로 이미지(image)입니다. 이미지는 눈으로 볼 수 있습니다. 눈으로 사물을 보기 위해서는 빛이 있어야 합니다. 빛이 있어야 빛의 파장에 의해서 사물에 색이 입혀집니다.

하나님의 형상(image)안에서 아담이 만들어진다는 것은 어떤 의미일까요?

창세기 첫째 날, 둘째 날, 셋째 날을 통해서 생수가 내 안에서 나옵니다. 생수, 곧 말씀이 밖으로 드러나고 나가면 넷째 날이 됩니다. 그러면 하나님의 말씀이 내 안에서 기름 부음으로 공급되고 우리 마음 땅의 불이 꺼지지 않고 계속 타오르게 됩니다. 우리 마음 땅에 불이 타오르면, 우리는 하나님을 보고 인식하고 경험합니다. 하나님에 대한 이미지를 만들어 갑니다.

하나님이 누구인지 알게 되는 것입니다. 하나님 의식이 확장되는 상황입니다. 하나님의 의식에 의해서 마음이 만들어지고, 그 마음에 의해서 우리의 감정, 느낌, 생각이 만들어집니다.

결국, 하나님의 의식이 모든 것들의 의미를 만들어가는 것이고, 내가 하나님을 알아가는 것입니다. 하나님을 그리고 있는 것입니다.

하나님의 빛이 내 안에 임하기 전까지는 하나님에 대해서 아무것도 알지 못했습니다. 하지만, 내 안에 빛과 생수의 근원이 임하게 되어서 하나님의 이미지를 만들어가는 것입니다.

그런데 형상, '쩰렘'에는 '그림자, 헛된 것, 우상'의 뜻도 있습니다.

어떻게 형상(쩰렘)이 우상이 될 수 있을까요?

옛 의식의 상태로 하나님을 이미지화하면 그것이 우상입니다. '껍데기, 문자'로 보는 하나님이기 때문입니다. 율법으로 하나님을 보면 하나님을 오해하게 됩니다. 하나님 의식이 아닌 율법 의식으로 모든 것에 의미를 부여하고 만들어 갑니다. 하나님을 선과 악으로 나누고, 예배, 봉사, 섬김, 십일조, 천국과 지옥에 대한 의미를 만듭니다.

하나님이 만든 의미입니까?

아닙니다. 우리가 만든 의미입니다. 말씀의 껍데기를 보고 만든 것에 불과합니다. 이렇게 보이는 말씀을 보고 하나님을 만드는 것, 이것이 우상입니다.

요한계시록 13장에 바다 짐승과 땅의 짐승이 나옵니다. 바다 짐승이 '메가스'(μέγας)를 만듭니다. 이것이 '블라스페미아'(βλασφημια), 곧 신성 모독입니다. '메가스'는 '많음, 높음'입니다.

바다 짐승은 옛 의식의 정체가 '메가스'임을 설명합니다. 옛 의식은 많아지려고 하고 높아지려고 합니다. 반드시 땅의 짐승을 만듭니다. 옛 의식이 우리의 마음을 지배하면 그 마음이 의미를 만들어 냅니다. 이것이 우상입니다. 땅의 짐승은 반드시 우상을 만들고 그 우상은 표를 줍니다. 이마와 오른손에 표를 받게 됩니다. 우리 옛 의식이 만든 의미들이 나의 의식을 만드는 것, 이것의 표현이 표를 이마에 받는 것입니다.

오른손에 받는 표는 옛 의식이 만든 상태로 전하는 것에 관하여 알려줍니다. 하나님께서 그 표에 짐승의 이름의 숫자가 적혀 있다고 합니다. 이 세상의 모든 것은 숫자화할 수 있습니다. 내가 입고 있는 옷, 신발, 가방, 집. 모두 가격을 매길 수 있습니다.

세상의 모든 것은 분자로 이루어져 있습니다. 분자를 쪼개면 원자가, 원자를 쪼개면 중성자, 양성자, 전자가 나옵니다. 이걸 쪼개면 쿼크가 나오고 또 쪼개면 미분 방정식이 남습니다. 숫자입니다. 숫자만 남는 것입니다. 세상의 모든 것은 숫자로 표현할 수 있습니다.

'메가스', 즉 우리의 '높음, 많음'은 숫자로 나타납니다. 숫자는 '메가스'를 의미하는데, 이것이 옛 의식의 정체입니다. 옛 의식은 숫자로 드러날 수밖에 없습니다.

그러므로 표의 이름이 666입니다. 600은 바다 짐승, 60은 땅의 짐승입니다. 그것이 만든 '우상, 표'가 6입니다. 그래서 666입니다. 이것에 관한 자세한 설명은 요한계시록 설교를 참고하시면 됩니다.

> 지혜가 여기 있으니 총명한 자는 그 짐승의 수를 세어 보라(계 13:18).

수를 세어 본다는 것은 그것의 정체를 본다는 말입니다.

> 아, 우리의 옛 의식이 정체가 이것이구나. 옛 의식(용, 사탄, 마귀, 옛 뱀)의 체계는 반드시 우상을 만들고 표를 받을 수밖에 없구나. 이 표를 가지고

살아갈 수밖에 없구나.

그 표가 나를 지배하고, 그 표를 통해서 내 안에 있는 것을 누군가에게 넘겨주는 것입니다. 사고파는 것입니다. 표가 없이는 매매할 수 없습니다.

십사만사천이라는 숫자도 나옵니다. 하나님께서 말씀하시는 하나님의 형상으로 아담이 만들어졌을 때를 십사만사천이라고 합니다.

다시 돌아와서, 내 안에 첫째 날과 둘째 날과 셋째 날의 결과물인 씨 가진 열매가 존재하지 않으면 내가 하나님을 우상으로 볼 수밖에 없는 것입니다. 그런데 하나님을 우상으로 보는 사람들은 자기 모습을 깨닫기 힘듭니다. 자신이 잘하고 있다고 생각합니다. 그냥 하던 대로 하면 된다고 생각합니다.

뭘 이렇게 예수를 어렵게 믿어?
그냥 시키는 대로 하면 되지.
그냥 목사님이 시키는 대로 하고 말씀이 시키는 대로 하면 되지.

하지만, 이것은 애굽이고 우상 안에 있는 것입니다. 이런 우리의 모습을 볼 수 있어야 합니다.

이런 우리의 모습을 보라고 하나님께서 우리에게 불과 말씀(쉠)을 주시는 것입니다. 씨 가진 열매를 주시는 것입니다. 아담을 만드시려는 것입니다. 하나님께서는 예수 그리스도를 통해서 우리 안에 실재하는 세상을 만들기 원하십니다. 우리가 사는 세상은 가상 현실입니다. 내 욕심을 충족하는, 내가 원하는 세계, 실재하지 않는 세계입니다. 하나님만이 실재하십니다.

그다음에는 모양, '데무트'에 관해 생각해 봅시다. '데무트'는 '유사, 닮음, 모양, 형체'라는 뜻이며, '다마'에서 유래하였고, '다마'는 '유사하다, 닮다'라는 뜻입니다.

의식이 바뀌는 것은 하나님을 닮아가는 것입니다. 하나님과 같은 존재로 우리를 만드시겠다는 것입니다. 나의 겉사람이 죽은 만큼, 내가 하나님을 닮아가는 것입니다.

'데무트'는 또 다른 의미로 생각해 볼 수 있습니다. 전치사 '카프'(ㅋ)가 이 단어 앞에 붙습니다. '카프'는 권능을 쥔 손입니다. 손을 펴서 내 안에 있는 것을 넘겨주는 것입니다. 내 안에 있는 것을 주라는 것입니다. 내 안에 있는 것을 넘겨줌으로써 하나님과 같은 존재로 만들어져 가는 것입니다. 그래서 창세기 넷째 날, 다섯째 날, 여섯째 날에 사역하게 하시는 것입니다. 사역을 통해서 나를 바꿔가시는 것입니다.

결국, '하나님의 형상 안에서 하나님의 모양처럼'이라는 말씀은 "내가 나의 것을 너희에게 주어서 너희를 나와 같은 그리고 나와 같은 일을 하는 존재로 만들거야"라는 의미입니다. 하나님께서 아담을 이렇게 만드시겠다는 것입니다.

모든 것을 다스리게 하자 하시고

'라다'라는 단어가 나옵니다. '라다'는 '다스리다, 통치하다'입니다. 하나님은 다섯째 날의 생물과 여섯째 날의 생물을 다스리고 통치하라 하십니다.

어떻게 다스리라는 것일까요?

하나님의 말씀으로 다스리고 통치하라는 것입니다. 내 안에 있는 빛(불)과 말씀을 넘겨주어서 그들 안에 불이 타오르게 만들라는 것입니다. 이것이 통치입니다.

한편, 26절에서 '아싸'는 미완료형으로 동작이 진행되고 있는 상태를 가리킵니다. "내가 너희 안에서 일할거야. 내가 너희 안에서 노동할거야"라는 말입니다.

하나님의 형상대로 사람을 창조하심

우리 안에 일함으로 무엇을 만드겠다는 것일까요?

창세기 1장 27절에 '바라'라는 동사가 나옵니다. '바라'가 27절에 세 번 나옵니다. 하나님께서 '하아담'을 창조하시겠다는 것입니다. 여기서 '하'는 정관사입니다. '하아담'은 어떤 특정한 아담을 의미합니다. '하아담'을 하나님의 형상, '쩰렘' 안에서 창조합니다. 하나님의 형상, '엘로힘의 쩰렘 안에서'입니다. '쩰렘', 곧 '형상, 이미지'를 엘로힘이 만든다는 것입니다. '엘로힘'은 성경에서 '말씀들'로 설명됩니다.

결국, 내 안에 간직된 말씀이 하나님이라는 이미지를 만드는 것입니다. 우리 안의 말씀의 기름 부음으로 임해서, 우리 안에 불이 타고 빛을 냅니다. 이를 통해 하나님이라는 이미지가 만들어집니다.

그리고 '바라'가 나옵니다. '바라 오토 자카르 우네케바'는 하나님께서 그를 '자카르'와 '네케바'로 창조하셨다는 것입니다. 여기서 '오토'가 나옵니다. 알레프, 타브, 바브가 나오는데 이를 '오토'라고 했습니다. '오토'는 이 아담을 어떻게 만들어가시는지 설명합니다. '알레프'와 '타브'의 연합입니다. 이때 '알레프'와 '타브' 연합을 '자카르'와 '네케바'로 설명하는 것입니다.

히브리어 알파벳의 시작이 알레프이며 끝이 타브입니다. '알레프', 곧 예수로 시작해서 '타브', 곧 그리스도로 완성하는 것입니다. 예수와 그리스도를 연결하는 것이 '오토'입니다. 내 안에 빛(불)을 간직한 것은 예수를 내 안에 간직한 상태입니다. 알레프를 내 안에 간직한 것입니다.

그리고 우리 안에 성령이 임하고 말씀의 근원이 만들어집니다. 말씀의 근원에서 나오는 말씀이 그리스도의 말씀입니다. 불과 말씀이 하나가 됩니다. 예수의 불이 내 안에 있는 생수의 근원에서 나오는 말씀에 의해서 타고 있는 것입니다. 밖에 있는 말씀에 의해서가 아니라, 그리스도로부터 나오는 말씀이 기름 부음으로 인해서 불이 타고 있을 때 '알레프'와 '타브'가 연결되어 있다고 합니다.

이것을 '자카르'와 '네케바'로 설명하는 것입니다. '자카르'는 남성, '네케바'는 여성입니다. 성경에서 '여자'는 수동적인 의미가 있습니다. 수동적이라는 것은 어떤 것에 의존해서 살게 된다는 것입니다. 여자, 곧 '네케바'는 알레프, 즉 우리 안에 타오르는 불입니다. 우리 안에 간직된 빛은 그리스도로부터 나오는 말씀에 의해서 타오르게 된다는 것입니다. 하나님께서 '오토'를 '자카르'와 '네케바'로 만든 것입니다. 예수 그리스도가 연결되는 것입니다.

성경에서 사도들이 "이 예수는 마쉬아흐(그리스도)야"라고 말합니다. 예수가 그리스도가 되었다는 것입니다. 이것이 그리스도 예수입니다. 우리와 그리스도의 연합입니다.

그리고 '바라 오탐'입니다. '오탐'이 '그들'로 번역되었습니다. 하나님께서 오탐을 창조하십니다. 그 전에 창조된 우리와 그리스도의 연합을 통해서 오탐이 된 것입니다. '알레프, 타브, 멤'입니다. '알레프'와 '타브'는 예수 그리스도이며, '멤'은 말씀의 완성입니다. 그리스도의 말씀이 나를 덮어 버리는 것이 오탐의 존재가 되는 것입니다. 그리스도의 의식이 나를 덮어 버리는 것입니다. 하나님께서 처음에 '오토'를 창조하시고 그다음에 '오탐'을 창조하십니다. 성경은 이것을 아담이라고 합니다.

결국, 하나님께서 아담이라는 존재를 만드십니다. 성경에서 '아담'은 먼지(아파르)에서 시작합니다. 하나님께서는 '아무 가치 없음'의 상태인 우리에게 자기 자신을 주셔서 '아담'이라는 결과물을 만드시는 것입니다. 그리스도와 연합된 우리가 '아담'입니다.

복(바라크): 생육, 번성, 충만, 정복, 다스림

창세기 1장 28절에서 그 '오탐'들에게 복을 주십니다. 복은 '바라크'라고 하는데 '바라크'의 복은 물질의 복이 아닙니다. 이 세상의 복, 보이는 복을 의미하지 않습니다. '바라크'의 복은 '카바쉬'와 '라다'를 통해서 설명됩니다.

> 생육하고 번성하여 땅에 충만하라 (창 1:28).

이 말씀은 인구가 많아지라는 의미가 아니라, 지금 내 안에서 일어나는 일들을 설명합니다. 하나님의 의식, 말씀, 그 진리가 나를 덮어 버려서 흘러 나가는 것. 이것이 충만의 의미입니다. 이것을 통해 땅을 정복하라고 하십니다.

'카바쉬'(정복하다)입니다. 정복의 대상은 우리의 마음 땅입니다. 하나님 의식이 우리 마음을 지배할 때, 우리가 느끼고 생각하는 감정, 느낌, 생각이 모두 하나님 의식으로 바뀌게 됩니다. 여기서 만들어진 의미들이 '나'라는 존재가 됩니다. 이것만 남는 것입니다. 이것이 하나님이라는 이미지, 하나님이라는 존재를 느끼는 것이며, 마음 땅을 정복하는 것입니다.

하나님의 것으로 내 안이 충만하게 되면 그 마음에 의해 모든 것이 바뀌게 됩니다. 이것이 세상을 정복한다는 말의 의미입니다. 내가 바뀐 만큼, 내가 죽은 만큼, 겉사람이 죽은 만큼 진짜를 전할 수 있게 될 뿐 아니라, 나를 통해서 다른 사람들을 살리게 됩니다. 그리고 그 말씀으로 다섯째 날과 여섯째 날의 생물들을 기르게 됩니다. 하나님의 것으로 이 생물들을 '네페쉬 하야', 곧 살아 있는 존재가 되게 만듭니다. 그들에게 빛을 넘겨주고 그 불이 꺼지지 않도록 말씀을 계속 공급하는 것이 사역입니다. 누구나 이런 일들을 하라는 것이며 이를 통해서 하나님이 아담을 완성하는 것입니다. 이것이 복입니다. 정복하고 다스리는 것입니다.

하나님의 것을 가진 사람들은 줄 수밖에 없습니다. 이것이 야고보서에서 이야기하는 바입니다.

> 네 안에 믿음(예수 그리스도) 있어?
> 네 안이 정복되었으면 줄 수밖에 없잖아.

당연히 안에 있는 것이 밖으로 나가게 되고, 내가 가진 것을 다른 사람에게 주게 되는 것입니다. 없으니까 못 주는 것입니다. 이것만이 성경에서 말하는 행위입니다. 그리고 복입니다.

제13장

여섯째 날[3]: 하나님의 양식이 아들을 완성하다

1:29 하나님이 이르시되 내가 온 지면의 씨 맺는 모든 채소와 씨 가진 열매 맺는 모든 나무를 너희에게 주노니 너희의 먹을 거리가 되리라

וַיֹּאמֶר אֱלֹהִים הִנֵּה נָתַתִּי לָכֶם אֶת־כָּל־עֵשֶׂב| זֹרֵעַ זֶרַע אֲשֶׁר עַל־פְּנֵי כָל־הָאָרֶץ וְאֶת־כָּל־הָעֵץ אֲשֶׁר־בּוֹ פְרִי־עֵץ זֹרֵעַ זָרַע לָכֶם יִהְיֶה לְאָכְלָה:

1:30 또 땅의 모든 짐승과 하늘의 모든 새와 생명이 있어 땅에 기는 모든 것에게는 내가 모든 푸른 풀을 먹을 거리로 주노라 하시니 그대로 되니라

וּלְכָל־חַיַּת הָאָרֶץ וּלְכָל־עוֹף הַשָּׁמַיִם וּלְכֹל| רוֹמֵשׂ עַל־הָאָרֶץ אֲשֶׁר־בּוֹ נֶפֶשׁ חַיָּה אֶת־כָּל־יֶרֶק עֵשֶׂב לְאָכְלָה וַיְהִי־כֵן:

1:31 하나님이 지으신 그 모든 것을 보시니 보시기에 심히 좋았더라 저녁이 되고 아침이 되니 이는 여섯째 날이니라

וַיַּרְא אֱלֹהִים אֶת־כָּל־אֲשֶׁר עָשָׂה וְהִנֵּה־טוֹב מְאֹד וַיְהִי־עֶרֶב וַיְהִי־בֹקֶר יוֹם הַשִּׁשִּׁי׃

창세기 1장 26-28절의 핵심은 하나님께서 '하아담'을 창조하신 것입니다. '창조'(바라)가 세 번 나옵니다. '오토'를 만들고, '오탐'을 만들고, '아담'을 만듭니다.

'오토'는 알레프와 타브의 연결입니다. 예수의 본질은 '빛, 불, 생명'입니다. 그 생명을 내 안에 간직하게 되는 것이 창세기 첫째 날에 일어나는 일입니다. 둘째 날에는 우리 안에 궁창이 만들어집니다. 핵심은 두 돌판으로 그리스도의 말씀의 근원이 내 안에 만들어진 것입니다. 그러므로 알레프와 타브의 연결은 창세기 첫째 날과 둘째 날의 연결입니다.

내 마음 땅에, 성소에 불이 붙었습니다. 우리 안의 하늘, 지성소 안의 언약궤에서 나오는 말씀이 기름 부음으로 임하여 이 불은 꺼지지 않고 타오르게 됩니다. 이 상태가 '오토'라는 존재입니다.

그리고 하나님은 '오탐'의 존재를 만드십니다. '오탐'은 알레프와 타브의 '연결'을 넘어선 알레프와 타브의 '연합'을 말합니다. 그리스도와 우리의 '연합', 하늘과 땅이 '합쳐지는 것'입니다. 하나님은 이것을 '아담'이라고 합니다. 결국, 하나님께서는 일곱 날의 창조를 통해서 '아담'을 만들기 원하시는 것입니다.

그리고 '생육하고 번성하고 충만하라'고 말씀하십니다. 첫째 날과 둘째 날의 연합을 통해 하나님의 것으로 충만하라는 것입니다. 이 충만을 통해서 우리의 마음 땅을 정복합니다. 우리 의식을 하나님 의식으로 바꾸는 것입니다. 땅을 정복하고 다스리게 됩니다.

내가 창세기 첫째 날, 둘째 날, 셋째 날을 통해서 하나님의 것으로 충만한 결과물이 '씨 가진 열매'입니다. 그렇게 창세기 넷째 날, 다섯째 날, 여섯째 날의 생물들을 내 안에 있는 것으로 다스리는 것, 이것이 '아담'의 본질입니다.

창세기 1장 29-31절에서 여섯째 날이 끝납니다.

> 온 지면의 씨 맺는 모든 채소와 씨 가진 열매 맺는 모든 나무를 너희에게 주노니 (창 1:29).

이 말씀에서 '너희'는 '오탐'의 존재들입니다. 씨 맺는 채소와 씨 가진 열매 맺는 나무를 '양식'으로 '오탐'에게 주십니다. 창세기 셋째 날에 '아담'이 만들어지기 시작합니다. 그리스도와의 연결입니다.

그리고 넷째 날에는 통로가 열려서 내 안의 말씀이 밖으로 드러나게 됩니다. 통로가 열렸다는 것은 그리스도와 연결되었다는 것이고, 그리스도와 연결되었다는 것은 그리스도로부터 나오는 말씀을 내가 듣게 되는 것입니다. 그리스도로부터 나오는 말씀이 기름 부음으로 임하는 것입니다. 셋째 날에서 넷째 날로 넘어가면서 그리스도와 연결되어 넷째 날, 다섯째 날, 여섯째 날을 통해서 그 연결이 완성됩니다. 마침내 그리스도와 연합된 존재가 되는 것입니다.

창세기 셋째 날들의 결과물이 넷째 날과 다섯째, 여섯째 날을 살아가는 양식이 됩니다. '씨 맺는 채소'와 '씨 가진 열매 맺는 나무'입니다.

'씨 맺는 채소'에서 '씨'는 어떤 씨를 말할까요?

처음의 씨앗은 예수로부터 넘겨받은 생명입니다. 이 씨앗은 땅에 심겨 없어져야 합니다. 그래야 싹이 납니다. 식물의 암술과 수술이 만나서 수정되고 씨방이 만들어 집니다. 그 씨방 안에서 씨가 만들어집니다. 처음에 심긴 씨는 죽고, 그다음 씨가 우리 안에 만들어집니다. '씨 맺는 채소'의 '씨'는 심겨진 씨가 죽고 그다음에 만들어진 씨입니다. 내 안에 있는 반석, 지성소, 생수의 근원으로부터 나오는 말씀이 기름 부음으로 임하여 빛을 내고 있음을 의미하는 것이 이 '씨'입니다.

처음에는 '씨 맺는 채소'입니다. 그 후에 '씨 가진 열매'가 됩니다. 식물의 씨방 안에 씨가 만들어지면 그 씨를 과육이 감싸게 됩니다. 과육은 말씀이며 과육이 감싸고 있는 씨는 빛입니다.

불을 말씀이 감싸고 있는 것이 '씨 가진 열매'입니다. 마치 일곱 등잔에 기름이 채워지고 그 등대에서 불이 켜지는 것과 같습니다. 이것으로 우리가 살아가는 것입니다. 우리의 양식인 것입니다.

'씨 가진 열매 맺는 나무'에서 '나무'는 '에쯔'입니다. '에쯔'의 뜻은 '단단해지다'입니다. 우리 안에서 믿음이 단단하고 확고해진다는 것입니다.

여섯째 날에 먹어야 하는 양식

창세기 1장 30절을 생각해 봅시다.

창세기 넷째 날, 다섯째 날, 여섯째 날을 통해서 내 안에 있는 것을 누군가에게 넘겨주어 만들어지는 것이 푸른 풀입니다.

'푸르다'는 '에레크'라는 단어를 씁니다. 우리가 볼 수 있는 식물, 채소들은 녹색, 푸른색을 띠고 있습니다. 식물이 녹색을 띠는 이유는 광합성 때문입니다. 식물이 엽록체 안에 있는 엽록소에서 광합성을 하기 위해서는 물과 태양빛, 이산화탄소가 필요합니다. 이 광합성 작용을 통해서 포도당, 에너지를 만들어 냅니다. 반드시 빛과 물이 있어야 합니다.

식물에서 광합성이 일어나듯이, 우리 안에서도 그런 일들이 일어납니다. 창세기 첫째, 둘째, 셋째 날의 빛과 말씀을 간직한 사람들이 넷째, 다섯째, 여섯째 날을 통해서 빛과 말씀을 넘겨줍니다. 그러면 그들은 빛과 말씀을 재료로 해서 양식을 만듭니다.

푸른 풀을 양식으로 준다는 것은 빛과 말씀을 간직한 자들이 다섯째, 여섯째 생물에게 빛과 말씀을 넘겨주어서 그들 안에 양식이 있게 만든다는 말입니다.

창세기 1장에서는 하나님이 씨 가진 채소, 씨 가진 열매 맺는 나무를 양식으로 주십니다. 창세기 9장에 노아 홍수 사건이 있습니다. 노아 홍수 이후에는 살아 있는 짐승도 양식으로 주십니다. 짐승은 '레메스'입니다. '레메스'는 '파충류, 기어 다니는 것'입니다.

노아 홍수의 핵심은 물에 의한 죽음입니다. 이 물은 밖에서 들리는 말씀입니다. 창세기 첫째, 둘째, 셋째 날을 거치며 우리 안에 빛을 간직하고 밖에서 들려지는 말씀이 기름으로 임하게 됩니다. 밖에서 들리는 말씀에 의해서 우리의 의식이 죽게 됩니다.

결국, 노아 홍수는 말씀에 의해서 우리의 짐승의 상태가 죽는 것을 알려줍니다. 요한계시록의 일곱 나팔의 심판과 같습니다. 방주 안에 들어온 노아와 그의 가족들, 짐승들만 살고 나머지 짐승은 모두 죽게 됩니다.

살아 있는 짐승들은 새와 여섯째 날의 생물들입니다. 노아의 홍수를 거쳤지만 여전히 우리 안에 그 짐승의 상태는 남아 있음을 의미합니다.

우리는 셋째 날에서부터 넷째, 다섯째 날을 거치면서 '아담'으로 만들어져 갑니다. 그러나 여전히 우리 안에는 짐승의 상태가 존재하고 있습니다. 디엔에이(DNA)를 생각해 보십시오. 사람과 여타 다른 짐승들은 디엔에이(DNA)가 거의 같습니다. 침팬지와 사람의 디엔에이(DNA)는 99퍼센트 같습니다. 여전히 우리 안에 이러한 짐승의 상태가 존재하고 있다는 말입니다.

그런데 홍수가 끝나고 물이 다 마르면, 하나님께서 노아와 그의 아들들에게 복을 주시고 기어 다니는 짐승을 양식으로 주십니다.

짐승을 양식으로 먹는다는 것은 어떤 의미일까요?

짐승, '레메스'가 양식이 되기 위해서는 죽어야 합니다. 생각해 봅시다. 창세기 첫째, 둘째, 셋째 날은 우리 안에 속사람을 만드는 것을 그리고 넷째, 다섯째, 여섯째 날은 우리의 겉사람이 죽는 과정을 설명합니다. '레메스'는 우리의 겉사람입니다. 우리의 겉사람이 죽는 만큼 양식이 됩니다. 양식이 된다는 것은 셋째 날의 결과물인 '씨 가진 열매', 즉 하나님의 의식이 나를 지배하게 된다는 것입니다.

정리하면, 나의 겉사람이 죽은 만큼 하나님의 의식이 나를 지배하게 된다는 말입니다. 그래서 하나님께서 '바사르'를 먹으라고 하십니다. 살은 '바사르'로, 동사 '바사르'에서 온 단어입니다. '바사르'는 '기쁜 소식을 전하다'라는 의미입니다. 그러므로 '바사르'에는 복음이라는 뜻이 있습니다. 내 안에 있는 양식을 '바사르'로 먹는 것입니다. 이것이 창세기 9장 3절의 이야기입니다.

그런데 하나님은 '바사르', 즉 "생명 되는 피째 먹지 말라"(창 9:4)고 하십니다. 생명은 '네페쉬'인데, '영혼, 혼, 생명, 목숨'이라는 의미입니다. 이 말씀에 나온 '네페쉬'는 우리의 옛 의식입니다. 우리 옛 의식은 죽어있는 상태입니다. 피는 살아 있는 생명입니다.[1]

---

1 새끼 염소를 어미의 젖과 함께 삶지 말라는 것과 똑같다. 추수된 자들은 율법의 말씀을 먹으면 안 된다는 뜻이다. 그 전에 있는 말씀을 먹을 수 없다. 새끼 염소는 풀을 뜯는다. 초실절의 첫 소산을 설명하다가 나오는 내용이다. 첫 소산, 내 안에 있는 양식을 먹으면 밖에 있는 양식을 먹지 말라는 것이다. 밖의 말씀과 안

그의 네페쉬(생명) 안에서 그의 피를 먹으면 안됩니다. 즉, 하늘의 양식을 땅의 양식으로 먹지 말라는 것입니다. 말씀이 살아 있는 상태가 아니라 죽어 있는 상태이므로 먹지 말라는 것입니다.

다시 말해서, 내 안에서 들려오는 말씀을 나의 옛 의식으로 해석해서 먹지 말라는 것입니다.

우리 안에 여전히 옛 의식, 즉 '레메스'가 살아 있다고 했습니다. 우리는 우리 안에서 들려오는 말씀을 옛 의식과 섞어서 먹으면 안됩니다. 하나님의 것으로, 살아 있는 상태의 말씀으로, 그분이 주시는 대로만 먹어야 합니다. 그래서 예수께서 말씀하십니다.

> 내 살을 먹고 내 피를 마시는 자는 영생을 가졌고 마지막 날에 내가 그를 다시 살리리니 (요 6:54).

창세기에서는 "그러나 고기를 그 생명 되는 피째 먹지 말 것이니라"(창 9:4)고 했지만, 요한복음에서는 살과 피를 같이 먹으라고 합니다. 그래야 영생이 있다는 것입니다.

'바사르', 즉 하늘의 양식을 생명으로 먹으면 영원한 생명이라는 것입니다. 하늘의 양식을 통해 우리의 믿음이 자라나 '아담'으로 완성될 것이기 때문에 영원한 생명입니다.

의 말씀이 하나가 되면 안 된다는 것인데 이는 셋째 날의 내용과 연결된다. 정리하면, 다시 애굽으로 가지 말라는 것이다.

예수의 말씀에서 '마지막 날'은 우리 겉사람의 완전한 죽음을 의미합니다. 그 날에 우리를 완전히 새로운 존재로 만들겠다는 것이며 이것이 샤바트, 곧 안식입니다. 하나님의 나라이며 천국입니다. 예수의 살(바사르)이 피가 되고 생명이 되어야만 일어나는 일들입니다.

결국, 하나님은 창세기 1장 29-30절을 통해 내 안에 양식이 존재하고 있음을 이야기하고 싶으신 것입니다.

내 안의 양식을 내가 먹고, 그 양식으로 넷째, 다섯째, 여섯째 날을 삽니다. 그 양식으로 넷째 날부터 여섯째 날을 산다는 것을 누군가에게 그 양식을 푸른 채소로 넘겨주는 것입니다. 푸른 채소를 받아서 식물이 광합성을 하듯 에너지를 만들어 생명을 유지하는 것입니다. 그래서 하나님은 이렇게 말씀하십니다.

> 너희가 아담으로 만들어져 가면 이런 일들이 너희 안에서 이루어져야 해. 그게 진정한 아담의 완성이야.

그리고 성경은 이렇게 말씀합니다.

> 하나님이 지으신 그 모든 것을 보시니 보시기에 심히 좋았더라(창 1:31).

보시기에 심히 좋았더라

창세기 여섯째 날에는 특이한 점이 몇 가지 있습니다.

하나님은 둘째 날을 빼고는 계속 '좋았더라'고 말씀하십니다. '키 토브'라고 계속 말씀하십니다. 그런데 여섯째 날에는 '히네 토브 메오드'라고 말씀하십니다. '히네'는 '보라', '토브'는 '좋은, 선한'의 뜻입니다. '메오드'는 '심히, 흘러넘칠 정도로 풍부하다, 많다'라는 뜻입니다.

왜 여섯째 날에는 '히네 토브 메오드'라고 하셨을까요?

하나님께 선이란, 하나님의 것을 우리에게 주어서 우리의 옛 의식이 만든 겉사람의 정체를 드러내는 것입니다. 창세기의 첫째, 둘째, 셋째, 넷째 날 계속 우리의 모습을 드러내십니다. 그리고 하나님 자신을 드러내십니다.

하나님께서 자신을 드러내기 전, '호셰크', 즉 어둠의 상태에 있는 우리에게 하나님은 비밀입니다. 감춰져 있습니다. 그런 우리에게 빛을 비추시고 궁창을 만드시고 결국은 아담이라는 존재를 만드심을 통해서 하나님께서는 자기 자신을 드러내십니다.

> 나는 이런 존재야. 내가 너희에게 나를 온전히 보여줄게.

우리가 하나님과 연합된 만큼, 하나님의 의식이 나의 의식을 지배하는 만큼, 내가 하나님을 알고, 인식하고, 경험하게 됩니다. 이럴

때 하나님이 누구인지 알게 됩니다. 그렇지 않으면, 내가 믿는 하나님은 지식과 문자 안에 있는 하나님일 뿐입니다. 그 하나님은 우상일 수밖에 없습니다.

하나님이 자신을 열어 우리에게 보여주시는 것이 하나님의 선입니다. 이게 우리에게 좋은 것입니다. 그래서 '토브'는 드러내는 것입니다. 진짜 '토브'가 우리 안에 없으면 우리는 선과 악을 나누게 됩니다. 율법, 도덕, 윤리, 세상의 질서와 체계로 나누게 됩니다.

> 이건 선이야. 이건 악이야. 이건 해야 하는 것이고 이건 하지 말아야 해.

그런데 하나님의 선이 내 안에서 온전히 이루어지게 되면 '악'이 존재할 수 없습니다. '악'은 '비밀', '감춰진 것'이기 때문입니다. 하나님의 선이 내 안에서부터 충만하게 되면 하나님이 다 드러나기 때문에, 즉 비밀이 없기 때문에 모든 것은 '선'이 되는 것입니다. '토브'가 되는 것입니다.

하나님께서 '히네 토브'라고 말씀하십니다. "내가 너희에게 나를 드러낼 테니 너희는 보라"는 것입니다. 내가 하나님을 흘러넘칠 정도로 인식하고 경험하게 되는 것입니다. 그래서 하나님께서 '히네 토브 메오드'라고 말씀하십니다. "내가 나를 너희에게 온전히 드러낼 거야"라고 말씀하시는 것입니다.

저녁이 되고 아침이 되니 이는 여섯째 날이니라

저녁이 되고 아침이 된다는 것은 껍질을 벗는 것을 의미합니다. 첫째 날을 통해 하나의 껍질을 벗고, 둘째 날 또 껍질을 벗게 됩니다.

껍질을 벗는 것은 우리 옛 의식의 죽음을 가리킵니다. 옛 의식이 죽고 하나님의 의식으로 채워 가시는 것입니다. 저녁(에레브)은 우리 의식의 죽음입니다. 해를 아침(보케르)이라고 하는 것은 그 자리를 우리 의식이 죽은 자리를 하나님의 의식으로 채워 나가시는 것을 보여줍니다. 그래서 저녁과 아침은 계속 있습니다. 계속 같이 사는 것입니다.

그런데 여섯째 날에는 끝이 납니다. 껍질을 완전히 벗어 버리는 것입니다.

여기서 조금 특이한 게 또 하나 있습니다. 그 전에는 '욤 하미쉬'처럼 정관사 '하'(ה)가 붙지 않지만, 여섯째 날에는 정관사 '하'(ה)가 붙습니다. 그래서 '욤 하쉬쉬'입니다. 정관사 '하'(ה)는 여섯째 날과 일곱째 날에만 붙습니다.

왜 그럴까요?

'하'(ה)에서 '헤이'(ה)라는 자음은 '보다, 계시하다'라는 뜻입니다. 여섯째 날이 되어야만 내가 하나님이라는 존재를 온전히 경험할 수 있다는 것입니다. 특별한 날인 것입니다.

화평케 하는 자는 복이 있나니

지금까지 일곱 날을 '팔복'과 '일곱 절기'와 연결했습니다. 팔복의 첫 번째 복은 "심령이 가난한 자는 복이 있나니 천국이 그들의 것임이요"(마 5:3)입니다. 이것은 "태초에 하나님이 천지를 창조하시니라"(창 1:1)와 같습니다. 그래서 팔복에서 첫 번째 복을 제외한 나머지 일곱 개의 복이 창세기 일곱 날의 창조와 같습니다. 즉, 일곱 번째 복이 여섯째 날의 창조와 같습니다.

> 화평하게 하는 자는 복이 있나니 그들이 하나님의 아들이라 일컬음을 받을 것임이요(마 5:9).

'화평케 한다'라는 것은 어떤 의미일까요?

하나님께서 아담에게 생육하고 번성하고 충만하라고 말씀을 하셨습니다. 화평(샬롬)이라는 것은 하나님의 말씀으로 충만한 것입니다. 그 '샬롬'이 된 자들을 '하나님의 아들'이라고 하십니다. '아들'에는 두 가지 의미가 있습니다.

첫째, 아들은 기업을 상속받게 됩니다.
둘째, 아들은 아버지의 일을 하게 됩니다.

즉, '하나님의 아들'은 하나님을 상속받게 됩니다. 하나님 의식이 내 의식을 지배하는 것입니다. 우리가 하나님으로부터 받아야 할 상속은 하나님의 말씀 자체, 하나님 자신입니다. 이것을 기업으로 받고, 하나님의 일을 하게 됩니다.

하나님의 일이 무엇일까요?

'일하다, 노동하다'라는 '아싸' 동사를 사용합니다. 예수께서도 "내 아버지께서 이제까지 일하시니 나도 일한다"(요 5:17)라고 말씀하십니다. 나를 통해서 누군가 첫째 날, 둘째, 셋째 날을 살게 하는 것입니다.

우리 마음이 하나님의 마음으로 바뀌면 우리의 감정, 느낌, 생각이 바뀝니다. 그리고 세상 모든 것의 의미가 바뀝니다. 이것이 '정복하다'의 의미입니다. 그러면 다스리게 됩니다. 하나님의 아들, 아버지의 일을 하게 됩니다. 그래서 화평케 하는 자는 하나님의 아들이라 일컬음을 받는 것입니다.

샬롬이 존재하는 자들은 당연히 하나님의 아들의 일을 할 수밖에 없다는 것입니다.

속죄일(욤 키프르)

일곱 절기 중 여섯 번째 절기는 '속죄일'입니다. 속죄일에서 제일 중요한 것은 '아사셀의 염소'입니다.

'아사셀의 염소'는 '에즈' '아잘'입니다. '에즈'는 '염소, 강하다'라는 의미, '아잘'은 '돌아다니다, 여행하다, 사라지다, 없어지다'입니다.

결국, 아사셀은 우리 안의 염소, 강함, 즉 옛 의식이 없어지는 것입니다. 광야에서의 우리 겉사람의 죽음입니다.

하나님이 창세기 여섯째 날에 나와 그리스도의 연합을 통해서 이루시려는 '하아담'은 무엇일까요?

우리의 옛 사람, 우리의 의식이 존재하지 않는 것입니다. 우리는 '하아담'을 향해서 가고 있는 것입니다. 우리의 목적지입니다. 그래야만 안식, 곧 '샤바트'로 넘어가게 됩니다.

하나님은 오늘 말씀을 통해서 이렇게 말씀하십니다.

> 내가 너희를 반드시 만들어 갈 거야. 너희 안에 나의 이름이 존재하고 있다면, 내가 너희 안에서 계속 일할거야. 그래서 반드시 너를 '하아담'의 존재로 만들고 말거야.

제14장

일곱째 날: '안식', 하나님의 온전한 드러나심

> 2:1 천지와 만물이 다 이루어지니라
>
> וַיְכֻלּוּ הַשָּׁמַיִם וְהָאָרֶץ וְכָל־צְבָאָם׃
>
> 2:2 하나님이 그가 하시던 일을 일곱째 날에 마치시니 그가 하시던 모든 일을 그치고 일곱째 날에 안식하시니라

> וַיְבָרֶךְ אֱלֹהִים אֶת־יוֹם הַשְּׁבִיעִי וַיְקַדֵּשׁ אֹתוֹ כִּי בוֹ שָׁבַת מִכָּל־מְלַאכְתּוֹ אֲשֶׁר־בָּרָא אֱלֹהִים לַעֲשׂוֹת:

창세기 일곱 날 창조 중 마지막 날인 일곱째 날입니다.

"천지와 만물이 다 이루니라"(창 2:1)는 일곱 날 창조의 전부를 설명하는 구절입니다. 성경 전체를 설명하는 창세기 1장 1절과 마찬가지입니다. 복음이 무엇인지 설명합니다.

창세기 2장 1절 말씀의 창조는 우리 안에서 이루어집니다. 밖에서 이루어지는 것이 아닙니다. 우리 안에 하나님이 거하시는 집, 성전을 만드시는 것입니다. 예수님께서도 말씀하십니다.

> 내 아버지 집에 거할 곳이 많도다 그렇지 않으면 너희에게 일렀으리라 내가 너희를 위하여 거처를 예비하러 가노니 가서 너희를 위하여 거처를 예비하면 내가 다시 와서 너희를 내게로 영접하여 나 있는 곳에 너희도 있게 하리라(요 14:2-3).

이 말씀에서 거처는 성전을 의미합니다. 우리 안에 성전이 만들어지고, 그리스도께서 우리 안으로 다시 들어오시는 것입니다. 들어오셔서 우리를 지배하고 다스리기 위해서, 우리의 남편이자 왕으로 다시 오시는 것입니다.

천지와 만물

창세기 2장 1절에서 '천지'는 하늘과 땅입니다.

하늘은 '샤마임'입니다. 하나님은 궁창이 있는 지성소를 '샤마임'이라고 하셨습니다. 이 궁창은 성전의 지성소 안에 있는 언약궤를 말하며, 성령께서 우리 안으로 임하시는 것을 의미합니다.

언약궤 안에는 두 돌판이 있습니다. 궁창의 핵심은 '두 돌판', 곧 말씀입니다. 하나님은 창세기 셋째 날에 지성소, '샤마임'으로부터 땅을 만드십니다. 이 땅을 '에레쯔'라고 말씀하십니다. '에레쯔'는 씨앗이 심긴 땅입니다. 여기서 말하는 '씨앗'은 첫째 날의 빛입니다.

빛은 생명입니다. 하나님은 이 '에레쯔'를 하나님의 땅으로, '샤마임'으로 바꾸겠다고 하시는 것입니다. 하나님이 임하시는 땅, 하나님의 의식, 그 진리가 존재하는 땅으로 만드시겠다는 것입니다.

'만물'은 '짜바'입니다. '짜바'는 '무리, 백성, 싸움, 전쟁'이라는 뜻입니다. '에레쯔'를 '샤마임'으로 바꾸기 위해서는 싸움이 있어야 합니다. 다시 말해서, 우리의 마음 땅을 하나님의 땅으로 바꾸기 위해서는 전쟁이 있어야 합니다. 이 싸움, 전쟁을 통해 하나님이 드러나게 됩니다. 하나님은 우리의 옛 의식이 만들어 놓은 겉사람의 정체가 무엇인지 하나하나 드러내십니다. 이것이 싸움입니다.

그렇게 우리의 옛 의식이 죽으면 죽을수록 하나님의 의식이 우리를 지배하게 됩니다. 딱 그만큼 하나님을 알게 되는 것입니다. 하나님의 의식, 그 진리, 그 말씀으로 하나님을 알게 됩니다. 이것이 '짜바'가 담고 있는 의미입니다.

예수께서 마태복음 24장에서 '인자의 다시 오심과 세상 끝의 징조'에 대해서 말씀하십니다. '세상 끝'이라는 것은 우리 옛 의식의 죽음입니다. 그래서 세상 끝의 징조는 우리 안의 율법의 끝에 대한 징조입니다. 이런 징조가 나타나야만 "아, 내가 죽고 있구나, 내 겉사람의 죽음의 끝이 오고 있구나"라는 것을 알게 됩니다.

예수께서 세상 끝 징조로 전쟁과 기근, 지진이 있을 것이라고 말씀하십니다. 전쟁은 하나님의 의식, 즉 속사람으로 우리의 겉사람을 이기는 싸움을 의미합니다.

이 전쟁 중에 기근이 있습니다. 하늘의 양식에 대한 굶주림, 배고픔을 느끼는 것입니다. 진짜 양식, 하나님을 향한 갈망과 열망입니다. 성경은 이 열망을 기근이라고 합니다. 지진은 땅의 흔들림인데 우리 옛 의식의 흔들림을 의미합니다. 우리의 의식이 바뀌고 있기 때문에 지진이 일어납니다.

전쟁과 기근, 그리고 지진은 지구의 역사에서 늘 있던 일입니다. 사람들은 이런 사건이 있을 때마다 생각합니다.

> 아, 이제 세상에 끝이 오나 보다.

하지만, 아무것도 바뀌지 않습니다. 하나님께서는 전쟁, 기근, 지진을 통해 이 물리적인 세상의 끝이 아니라 우리 의식의 죽음을 설명하고 싶으신 것입니다.

> 결국, 너의 의식이 죽어야 해. 그걸 위해 내가 네 안에 온 거야. 내가 떠나가고 다시 와서 그 싸움을 완성할 거야. 네 세상의 끝을 완성할 거야.

이것을 보여주십니다. 그래서 세상의 끝은 사람마다 다른 것입니다. 우리는 각자의 세상을 살고 있기 때문입니다.

우리 안에서의 끝, 이 세상의 끝은 하나님 안에 거하는 것입니다. 하나님의 말씀으로, 내가 느끼고 생각하고 의미를 만들면서 사는 것입니다.

이것이 성경이 말하는 신앙생활입니다. 의식이 바뀌어야 합니다. 행위로 할 수 있는 것이 아닙니다. 우리의 의식이 다 죽고 하나님의 의식으로 보기 때문에 세상 모든 것이 바뀌는 것입니다. 이것이 복음입니다.

다 이루어지니라

'이루어지다'는 '칼라'라는 동사를 사용합니다. '칼라'는 '마치다, 끝마치다, 이루어지다, 성취하다, 없어지고 사라지다, 멸망하다'의 뜻을 갖습니다.

그렇다면 '이루어지다', 곧 '칼라'는 무엇을 설명할까요?

하나님께서 하늘과 땅을 만드시고 난 다음에 싸움이 있습니다. 그 싸움을 통해 우리의 옛 의식, 그 체계를 모두 허무십니다. 그리고 나를 통해서 하나님이 온전히 드러나십니다. 나를 지배하던 질서를 다 멸망시키는 것이 복음의 마침입니다. 하나님의 언약의 성취입니다.

창세기 2장 2절에 하나님이 그가 하시던 모든 일을 마치고 일곱째 날에 안식하셨다고 말씀합니다.

하나님은 무슨 일을 하신 것일까요?

하나님의 일을 설명하는 단어가 '짜바'입니다. 전쟁을 통해 세상의 끝 날을 이루시는 것입니다.

마태복음 24장에 따르면 그리스도는 밤에, 도둑같이 우리 안으로 오십니다.

왜 밤에 오시는 것일까요?

밤은 우리의 겉사람이 존재하는 시간입니다. 우리의 겉사람은 그리스도의 다시 오심을 인식할 수 없습니다. 그래서 우리의 겉사람은 그리스도의 오심을 도둑으로 인식할 수밖에 없는 것입니다.

그래서 예수께서 "깨어 있으라"(마 25:13)고 하십니다. '깨어 있다'라는 것은 우리의 속사람으로 그리스도의 다시 오심을 인식하는 것, 밤이라는 시간이 없어지는 것을 말합니다. 결국, 우리의 겉사람이 죽어야만 깨어 있을 수 있습니다.

그런데 왜 깨어 있어야 할까요?

그리스도를 인식하기 위해서입니다. 그리스도의 일은 우리의 겉사람의 죽음을 이루시는 것입니다. 그리하여 결국, 그분의 일은 완성되고 성취되는 것입니다.

일곱째 날에 안식하시니라

하나님의 일이 완성되는 것을 일곱째 날이라고 합니다.

일곱째는 '쉐비이'로 '쉐바'에서 온 단어입니다. '쉐바'는 '일곱'입니다. '쉐바'는 '샤바'에서 온 것인데, '샤바'는 '약속하다, 언약하다'라는 뜻이 있습니다.

일곱째 날은 '욤 하쉐비이'입니다. '욤'은 하나님의 시간입니다. 하나님의 시간에 우리 안에서 하나님의 약속을 이루시는 것이 일곱째 날입니다. 이것이 '샤바트'(안식)입니다.

하나님이 일을 마친다는 것은 내가 하나님과 온전히 연합된 존재가 되었다는 것입니다. 따라서, 더이상 하실 일이 없는 것입니다. 이미 자기 자신과 우리가 하나 되었기 때문입니다. 우리를 통해 하나님만 드러나시는 것이 '샤바트', 곧 안식입니다. 이렇게 우리는 안식(샤바트)의 의미를 알게 되었습니다.

안식일에 제자들이 하지 말아야 할 행동들을 합니다. 사람들이 왜 안식을 지키지 않느냐고 묻자 예수께서 이렇게 말씀하십니다.

> 인자는 안식일의 주인이니라 (마 12:8).

안식(샤바트)은 예수 그리스도의 일하심으로 이루는 것이기 때문입니다.

사람들은 안식일의 연장선상에서 주일을 지정하고 예배를 드린다거나 가게 문을 닫는 등의 행위를 합니다.

하지만, 안식은 행위로 지킬 수 있는 것이 아닙니다. 내 안에 예수 그리스도가 존재하고 하나님의 일이 내 안에서 진행되어야 진정한 안식을 이룰 수 있습니다.

안식일을 '기억하라'는 단어가 '자카르'입니다. '자카르'는 명사로 '남성'이라는 뜻을 가지는데, '자카르'는 그리스도를 설명하는 단어입니다.

그렇다면 안식일을 무엇으로 기억하라는 것일까요?

그리스도의 머리되심으로 기억하는 것입니다. 우리의 뇌로 기억하는 것이 아니라, 그 자카르가 내 안에 온전히 이루어지는 것입니다. 그 샤바트가 온전히 내 안에서 이루어졌을 때를 '거룩'이라고 합니다.

십계명을 큰 그림으로 이해해 봅시다. 1계명에서 5계명까지의 내용은 6계명에서 10계명과 같습니다. 그러므로 성경에는 1계명에서 5계명에 대해서는 설명이 있지만 6계명에서 10계명까지는 설명이 없습니다.

살인을 이해하기 위해서는 1계명을 이해해야 합니다. 1계명에서 '다른 신'은 내가 하나님을 껍데기로 보는 것입니다. 하나님을 보이는 것, 곧 문자로 인식하면 하나님은 다른 신이 되는 것입니다.

간음을 이해하기 위해서는 2계명을 이해해야 합니다. 간음은 내 안에 남편(예수 그리스도)이 존재함에도 우리의 옛 의식이 밖에 남편을 만들고 그 남편을 섬기는 것입니다.
　도둑질을 이해하기 위해서는 제3계명을 이해해야 합니다.

> 너는 네 하나님 여호와의 이름을 망령되게 부르지 말라 (출 20:7).

　무슨 의미일까요?
　우리의 옛 의식이 여전히 존재하고 있다는 말입니다.
　도둑질 사건은 항상 가나안에서 이루어집니다. 요단을 건넌 후 가나안에 들어갑니다. 요단을 건너는 것은 오순절 사건입니다. 오순절 이후에 아나니아와 삽비라 사건이 있습니다. 요단을 건널 때에 아간이 범죄합니다. 요단을 건넌 후에 여리고가 무너집니다. 모세를 통해서 빛을 받는 것을 '여리고'라고 합니다.
　그러므로 모세가 떠나면 여리고는 무너져야 합니다. 이는 모세의 떠나감을 의미합니다. 밖에 있던 남편이 사라졌다는 것, 이것은 간음의 해결을 의미합니다. 그러나 간음이 해결되었음에도 여전히 나의 것이 존재합니다. 이것이 도둑질입니다. 그래서 아간이 죽어야만 아이성을 점령하게 됩니다. '아이'는 황폐함, 즉 죽음을 의미합니다. 우리 겉사람의 죽음입니다.
　1계명, 2계명, 3계명을 통해 살인, 간음, 도둑질이 없어져야만 안식이 이루어져 안식일을 기억하여 거룩히 지키게 됩니다.
　우리 겉사람의 문제가 해결되어야만 부모를 공경하게 됩니다. 부모는 성전과 그 안의 내용물, 즉 성전의 완성을 의미합니다. 공경하다는 '카바'입니다. '카바드'는 '무겁다, 영광을 돌리다'라는 뜻입니다. 하나님의 것으로 채워져 있다는 뜻입니다. 넘치도록 채워지는 것입니다. 그것이 공경이고, 영광입니다. 내 안에 진정한 샤바트가 이루어짐으로 영광을 돌리게 되는 것입니다.

> 하나님이 그 일곱째 날을 복되게 하사 거룩하게 하셨으니 이는 하나님이 그 창조하시며 만드시던 모든 일을 마치시고 그날에 안식하셨음이더라 (창 2:3).

복과 거룩

안식이 이루어지는 것이 복이며 거룩이라는 것입니다. 복은 '바라크'입니다. 바라크'는 '무릎 꿇다, 엎드리다, 경배하다'라는 뜻입니다. 내 안에서 진정한 '샤바트'가 이루어지면 바라크'의 복을 우리에게 완성하시는 것입니다.

내가 하나님 앞에 엎드려 온전히 섬기는 그 상태, 우리의 옛 의식이 존재하지 않는 상태가 '바라크'의 복입니다.

눈에 보이는 것은 복이 아닙니다. 그것은 영원하지 않기 때문입니다. 물질의 복, 명예, 자식, 건강은 우리 겉사람이 원하는 복입니다. 세상은 이것을 복이라고 하지만, 성경이 말하는 복은 이런 복이 아닙니다. 성경은 계속해서 우리에게 말합니다.

복은 안식이야. 우리 안에서 살인, 간음, 도둑질의 문제가 다 해결되는 것이 복이야. 너로 존재하지 않는 게 복이야. 너의 체계와 질서, 너로 존재하는 모든 것들이 다 없어지는 것이 복이며 거룩이야.

우리의 열심과 노력, 행위로는 거룩해질 수 없습니다. 오직 하나님의 복으로 거룩해집니다. 내가 존재하면 거룩이 아닙니다. 내가 존재하지 않을 때 거룩해지는 것입니다. 나의 겉사람이 모두 사라져서 하나님의 온전한 드러나심을 경험하는 자들은 복이 있는 것입니다.

결국, 하나님께서 샤바트, 안식을 완성하실 것입니다. 이것이 천국입니다. '말쿠트 하샤마임', 하늘에 의해서 지배된 땅, 정복된 땅, 하나님의 의식으로 덮인 땅이 천국입니다.

우리는 모두 이 천국을 향해 갑니다. 이것이 우리의 목적지입니다.

나가는 말

　창세기의 말씀을 통해서 보고 확인해야 할 것이 있습니다. 하나님께서 목적지를 향해 우리를 인도하실 것입니다.
　그렇다면, 우리의 믿음은 몇 번째 날을 살고 있는지 보고 확인해야 합니다. 그리고 하나님께서 주시는 열망과 열심으로 목적지를 향해서 나아가게 되는 것입니다. 그래야 우리가 일하지 않습니다.
　하나님께서 '안식일에 일하지 말라'고 말씀하시는 이유가 무엇인가요?
　우리 안에 진짜 안식이 이루어지면 우리의 열심과 노력으로는 무언가를 하지 않게 됩니다. 나라는 존재가 죽었기 때문입니다. 내 열심과 노력이 다 없어지는 것입니다. 그때에 진정한 안식이 이루어집니다.
　구원은 오직 하나님의 일하심으로 이루어집니다.

그래서 하나님께서 이스라엘 백성에게 말씀하셨던 것처럼 우리에게도 말씀하십니다.

내가 할게.
너희는 아무것도 하지 마.
그저 내가 일하는 것을 지켜봐.

말씀은 우리를 향해서 무엇을 하라고 하는 것처럼 보입니다. 그러나 이것은 우리의 착각입니다. 하나님께서 우리 안에 들어오시면 우리는 아무것도 할 수 없는 존재임을 깨닫게 됩니다. 우리는 단지 먼지일 뿐이기 때문입니다.

먼지가 무엇을 할 수 있을까요?

아무것도 할 수 없습니다. 우리는 아무런 가치도 없는 존재입니다. 그런데 하나님은 그런 우리를 살아 있는 존재로 만드십니다.

과학에서도 생명의 출현은 기적 중에 기적입니다. 확률적으로 불가능에 가깝습니다.

그러니 하나님의 생명이 내 안에 존재한다고 하는 것은 기적이라는 말로는 다 표현할 수 없습니다.

이것이 일곱 날의 창조입니다.

생명의 시작과 완성.

하나님과 온전히 연합된 존재로 만드시는 것입니다.

이보다 더 가슴 뛰는 일이 있을 수 있을까요?